과학수사론
Theory of Scientific Investigation

정 연 균 著

차 례

제1절　범죄감식 ··· 3

제2절　지문감식 ·· 13

제3절　족흔적 감식 ··· 28

제4절　법의학 ·· 34

제5절　법의 혈청학 ··· 55

제6절　유전자 지문 ··· 63

제7절　법화학 ·· 69

제8절　법물리학 ·· 77

제9절　기타 과학수사 ··· 89

제10절 범죄학 ·· 100

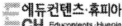

과학수사론
Theory of Scientific Investigation

에듀컨텐츠·휴피아
Educontents·Huepia

과학수사론

제1절 범죄감식

1 과학수사

(1) 과학수사의 개념

과학수사	범인을 발견하고 증거를 수집하여 사안의 진상을 밝히는 수사활동에 과학적 지식·기술과 감식시설·장비·기자재 등을 최대한으로 **활용**하는 수사를 말한다.
감식수사	현장감식에 의해 수사자료를 발견·수집하고 수집된 자료를 감식시설·장비·기자재 등을 활용하고 과학적으로 **분석**하여 행하는 수사를 의미한다.

- 과학수사란 현장감식에 의해 수사자료를 발견·수집하고 수집된 자료를 감식시설·장비·기자재 등을 활용하고 과학적으로 분석하여 행하는 수사를 의미한다. (×)
- 감식수사란 범인을 발견하고 증거를 수집하여 사안의 진상을 밝히는 수사활동에 과학적 지식·기술과 감식시설·장비·기자재 등을 최대한 활용하는 수사를 의미한다. (×)

▶▶ 과학수사 기본규칙에서의 기본개념 정의

> ① "과학수사"란, 법의학, 생물학, 화학, 물리학, 독물학, 혈청학 등 자연과학 및 범죄학, 심리학, 사회학, 철학, 논리학 등 사회과학적 지식과 과학기구 및 시설을 이용하는 체계적이며 합리적인 수사를 말한다.
> ② "현장감식"이란, 범죄현장에 임하여 현장 및 변사체의 상황과 유류된 여러 자료를 통하여 현장을 재구성하고 증거자료를 수집하는 활동을 말한다.
> ③ "과학수사요원"이란, 경찰청 및 각급 경찰관서의 과학수사 업무 담당부서에 소속되어 과학수사 관련 증거자료 수집, 분석, 감정 등에 종사하는 사람을 말한다.
> ④ "과학적범죄분석시스템(SCAS)"이란, 체계적인 범죄분석자료의 관리를 통한 효율적 수사지원을 위하여 범죄 개별항목 등을 입력·분석하고, 현장 데이터·장비·과학수사요원 현황 등을 효율적으로 관리하고자 구축한 전산 시스템을 말한다.
> ⑤ "미세증거"란, 범죄현장 또는 사건 관계자의 신체에 유류되어 있는 작은 증거물을 의미하는 용어로, 주로 섬유, 페인트, 유리, 토양, 먼지, 연소 잔류물, 총기발사 잔사, 유류분 등을 말한다.
> ⑥ "검시조사관(檢視調査官)"이란, 변사자 또는 변사의 의심이 있는 시체 및 그 주변 환경을 종합적으로 조사하여 범죄 관련성을 판단하기 위하여, 생물학·해부학·병리학 등 전문 지식을 갖추고 과학수사 기능에 배치된 변사체 검시요원을 말한다.
> ⑦ "증거물 연계성"이란, 과학수사 활동을 통해 획득한 증거물이 법정 증거능력을 확보할 수 있도록 채취부터 감정, 송치까지의 매 단계에서 증거물별 이력이 관리되는 것을 말한다.
> ⑧ "지문감정"이란, 지문의 문형, 특징(점, 단선, 접합, 도형 등) 그 밖에 지문에 나타난 모든 정보를 이용, 분석·비교·확인·검증하여 동일지문 여부를 판정하는 것을 말한다.

⑨ "지문검색시스템(AFIS)"이란, 주민등록증발급신청서, 외국인지문원지 및 수사자료표를 이미지 형태로 전산입력하여 필요시 단말기에 현출시켜 지문을 열람·대조 확인할 수 있는 시스템을 말한다.
⑩ "족·윤적 감정"이란, 현장에 유류된 발자국·타이어자국 등 흔적 정보를 족·윤적감정시스템의 데이터베이스와 비교하여 동일 여부를 판정, 수사 자료로 활용하는 것을 말한다.
⑪ "디엔에이 감정"이란, 현장에 유류된 타액, 혈흔 등 생체 정보를 디엔에이신원확인정보데이터베이스와 비교하여 동일 여부를 판정, 수사 자료로 활용하는 것을 말한다.
⑫ "음성분석"이란, 유·무선 통신장비 또는 범죄현장기록 등을 통해 유류된 음성 정보를 용의자의 음성정보와 비교하여 동일 여부를 판정, 수사 자료로 활용하는 것을 말한다.

(2) 과학수사의 중요성

① 광역화·기동화·교묘화되어 가는 범죄에 능률적으로 대처한다.
② 경제성장과 도시화 경향에 따라 주민의 연대의식이 희박해져 증인의 확보와 수사자료의 수집이 점차 어려워진다.
③ 시민의 인권옹호의식의 향상으로 각종 증거수집이 어려운 실정이다.
④ 과거에는 조사기술만으로 사건을 해결할 수 있었으나 현대에는 범인의 자백만으로 유죄인정이 불가능해졌기 때문에 물증확보를 위한 범죄감식의 중요성이 강조되고 있다.
⑤ 과학수사에 의하여 눈에 보이지 않을 증거도 검출·수집하며, 이것은 '증명력' 판단의 근거가 된다.
■ 과학수사를 통해서 증거능력 유무를 판단한다. (×)
■ 조사기술의 발달 (×), 감식수사는 과학수사보다는 조사기술과 더 관련이 있다. (×)

(3) 법과학

과학수사를 뒷받침하는 모든 분야의 학문을 총칭하여 법과학(Forensic Science)이라고 칭한다.
① 법과학(法科學)이란 과학적인 관찰과 실험을 통하여 수사 또는 재판에 필요한 지식이나 자료를 제공하는 기술과학을 말한다.
② 법과학의 창시자는 물적 증거에 대한 과학적인 실험의 중요성을 주장했던 오스트리아의 법관 한스 그로쓰(Hans Gross, 1874~1915)이다.
③ 법과학의 방법론상 초기의 진보에 커다란 공헌을 한 사람은 프랑스의 에드몽 로카르드(Edmond Locard)이다. 로카르드는 1910년 리용 경찰청의 과학연구실을 만들고 스스로 실장이 되었다.
④ 법과학(criminalistics)의 분야에는 법의학, 물리학, 생화학, 문서감정, 성문분석, 유전자감식, 중성자방사화분석 등의 방법이 있다.

(4) 과학수사의 내용

① 과학을 이용하는 수사 : 과학수사에서는 생물학, 화학, 물리학, 생화학, 독물학, 혈청학 등 「자연과학분야의 지식」은 물론 범죄학, 사회학, 철학, 논리학, 법의학 등 「사회과학분야의 지식」의 원리가 총동원된다.

< 과학수사론 Theory of Scientific Investigation >

Chapter 과학수사

■ 심리학은 추상적인 학문이기 때문에 객관성을 유지해야 하는 범죄감식에는 활용되지 못한다.(×)
■ 과학수사에 활용되는 학문은 의학, 생물학, 화학 등 자연과학에 관한 지식이다.(×)

② **수사방법에 있어 과학적으로 행하는 수사** : 과학 수사에는 수집된 자료를 토대로 추리를 하고, 그러한 추리를 검증하는 방법으로 행해진다.

③ **수사법칙에 따른 수사** : 범죄사건과 범죄현장의 여러 가지 상황을 종합적으로 판단하여 공통되는 점을 찾아내고 수사법칙에 따라 수사를 진행하여야 한다.

④ **합리성·타당성이 있는 수사** : 수사는 개인의 기본적 인권보장의 이념 아래 합법적으로 신속·정확하게 진행되어야 하며, 그 결과에 대하여 국민이 이해하고 납득할 수 있는 합리성과 타당성이 있어야 한다.
■ 장비의 현대화(×)

⑤ **추론 기법 활용** : 과학수사는 연역법, 귀납법 등 추론 기법을 활용한 과학적 방법을 통해 결론을 도출하여야 한다.
■ 과학수사는 객관적 증거를 통해 진실만을 추구하므로, 함부로 추론 기법을 사용해서는 안된다.(×)

2 범죄감식

(1) 개념

① 범죄감식이란 수사의 합리화·적정화를 실현하기 위하여 중점적으로 추진하는 과학수사의 중추를 이루는 수사활동으로, 과학적 지식 및 기술을 이용하고 조직적인 자료와 시설을 활용하여 범인을 발견하며 범죄를 입증하는 수사기관의 활동을 말한다.

② 범죄감식은 주관적 판단이나 근거 없는 추리가 아닌 합리적인 추리와 객관적인 증거에 의해 증거를 발견한다.
■ 범죄감식은 주관적 판단에 의한 추리에 의해서 증거를 발견한다.(×)

③ 과학수사의 중심이 되는 것은 감식수사이다.

(2) 범죄감식의 분류

구분	자료감식	기술감식
개념	수집된 각종 기초자료를 컴퓨터 등에 수록하여 집중 관리함으로써 필요시 범죄수사에 활용하는 감식	법의학, 물리, 화학 등 자연과학의 지식·기술 등을 활용하여 경험과 육감으로서 파악할 수 없는 사물을 판별하는 것
예	① 지문자료에 의한 신원·범죄경력 확인 ② 피의자 사진에 의한 범인 추정 ③ 수법원지에 의한 감식 ④ 족흔적 자료에 의한 용의자 추정	① 잠재지문, 족흔적, 혈흔, 모발 등의 채취·검사 및 감정 ② 화재감식 ③ 필적감정 ④ 사진촬영 ⑤ 거짓말탐지기 검사

■ 일반적으로 범죄감식이라 함은 기술감식 분야를 말한다.

(3) 국립과학수사연구소 조직표

소장										
	법의학부				법과학부					
총무과	법의학과	유전자분석과	범죄심리과	문서영상과	약독물과	마약분석과	화학분석과	물리분석과	교통공학과	
	법의연구실 / 부검관리연구실 / 병리연구실 / 경조직연구실 / 법의학관	면역연구실 / 혈청연구실 / 유전자분석실	범죄분석실	허언탐지실 / 문서감정실 / 형사사진실	약품연구실 / 식품연구실 / 독물연구실	마약연구실 / 향정정신약물연구실 / 환각물질연구실	고분자연구실 / 유기학연구실 / 무기학연구실	물리연구실 / 음성연구실 / 총기연구실	차량연구실 / 역학연구실 / 분석연구실	

- 법의학과 – 치아를 이용한 백골화된 사체 추정, 치흔
- 범죄심리과 – 범죄면수사
- 문서영상과 – CCTV에 찍힌 범인사진 화상의 선명화 처리
- 경찰청 과학수사센터 – 족흔, 타이어 흔, 지문
- 범죄현장에서 타다 남은 섬유조각이 발견된 경우 섬유의 종류를 알기 위해서는 국립과학수사연구소의 화학분석과에 감정을 의뢰하여야 한다.

3 현장감식

(1) 개념

현장감식은 범죄가 행하여진 장소나 범죄의 의심이 있는 장소에 임하여 현장상황과 유류되어 있는 여러 가지 자료에 대한 관찰, 사진촬영, 지문채취 등을 합리적으로 수행하고 과학적으로 검토하여 사건의 진상을 확인 · 판단하며, 범죄와 범인을 결부시킬 수 있는 자료를 합리적으로 수집 · 채취하여 수사자료로 하고 범죄에 증명함에 충분한 증거자료로써 활용할 수 있도록 한 현장에서의 수사활동을 말한다.

(2) 중요성

최근 자백의 신빙성에 대한 엄격한 해석과 철저한 증거주의가 중시되고 있으므로, 현장감식을 통해 더 많은 수사자료를 수집 · 분석 · 감정하는 것이 중요하다. 현장감식은 지문 · 족적 등 유형적 자료를 채취하는 것 이외에 범죄수법 같은 **무형적 자료의 채취도 중요**하다.

- 현장감식을 할 때 유형적 자료의 채취에만 중점을 두고 증거물을 채취한다. (×)

(3) 현장감식의 순서

간부의 현장관찰	지방경찰청의 현장감식반 및 형사주무계 책임간부, 관할경찰서 형사계 경위이상의 책임간부 임장해서 사건의 개요파악, 현장수사의 목표 설정, 수사방침을 수립
사진촬영	다른 감식작업에 우선하여 현장상황을 있는 그대로 촬영하여 재생
채증감식	멸실 우려가 있는 증거물을 우선 채취하기 위해서는 채증활동에 앞서 실시하거나 채증활동과 병행해서 실시
수법검토	무형적 자료인 범죄수법을 염두에 두고 관찰

- 간부가 현장관찰하기 전에 사진촬영을 먼저 한다. (×)
- 현장감식에 있어 일반적 순서 중 사진촬영을 가장 먼저한다. (×)

▶▶ 현장감식의 순서

> 현장보존 ⇨ 간부의 현장관찰 ⇨ 사진촬영 ⇨ 채증감식 ⇨ 범행수법 검토

(4) 현장감식시 간부의 지휘사항

① 현장자료의 파괴를 방지하기 위하여 임장차량의 **주차위치**를 적절하게 지시하여야 한다.
- 사건현장에 신속히 출동하기 위해 임장차량을 최대한 범죄현장 가까이에 주차시키도록 한다. (×)

② 급고(急告)·급소(急訴)사건으로 현장에 임할 시간이 충분치 않을 경우에는 무전으로 긴급한 사항에 대하여 미리 지시한다.

③ 현장을 직접 점검하고 최초 임장직원에게 보존범위, 보존방법, 출입제한조치 등에 대하여 지시를 하여야 한다.
- 최초에 지정한 현장보존의 범위를 변경하여 추후 수사에 지장을 주어서는 안 된다. (×)

④ 현장에 출입할 때 장갑 착용, **통행판** 사용 등에 대하여 적절한 지시를 하여야 한다.
- 현장출입 시 발을 비닐봉지로 감싸고 다닌다. (×) – 통행판을 사용한다.

⑤ 출입제한조치에 있어서는 현장파괴를 방지하기 위해 필요한 **최소한도의 인원만** 출입하도록 통제하여야 한다.

⑥ 현장감식활동의 진행에 따라서 관계수사요원을 출입시켜야 한다.

⑦ 대형사건·사고에 있어서는 경위급을 반장으로 하여 담당업무별로 1~2명씩으로 전담반을 편성한다.

⑧ 지문·족흔적 자료뿐만 아니라 법의학·이화학 자료를 포함하여 자료를 완전하게 채취하여야 한다.
- 지문, 족흔적 등 유형적 자료의 채취에만 중점을 두고 증거물을 채취한다. (×)

(5) 일반적 유의사항

① 단지 범행현장이나 피해사체가 있는 장소에 한하지 말고 널리 그 주변 전체에 걸쳐 흉기·족적 기타의 자료발견에 힘써야 한다.

② 원칙적으로 일정한 순서에 따라 범죄현장의 바깥주위로부터 시작하여 차츰 안쪽에 이르고, 하나도 빠뜨리지 않도록 하여야 한다.
   ■ 범죄현장의 내부에서 외부의 순으로 관찰한다. (×)
③ 현장감식은 필요에 따라 몇 번이라도 반복하여 자료를 남김없이 발견토록 힘써야 한다.
   ■ 현장감식은 자료의 보존을 위해 가능한 한 한번으로 마치는 것이 좋다. (×)
④ 비교·대조 등을 필요로 하는 것은 반드시 대조물을 채취한다.
⑤ 자료가 훼손되지 않도록 현장출입자는 장갑·덧신을 착용하고 통행판을 이용한다.
⑥ 과일 등에 이빨의 형태가 남아 있는 때에는 탈지면으로 타액을 흡입시키고 실리콘러버로서 치흔을 채취한다.
   ■ 치흔은 즉시 실리콘러버를 이용하여 채취한다. (×)
⑦ 예감이나 선입감에 사로 잡혀서는 안 된다.
⑧ 범위를 될 수 있는 대로 넓게 설정하여 종합적으로 관찰한다.
⑨ 치밀하고 객관적인 관찰을 한다.
⑩ 모래땅이나 양토에서 체형 시에는 흔적을 강화시키기 위해 사전에 스프레이나 래커를 뿌리되 흔적에 직접 뿌릴 경우에는 세부를 손상시킬 수 있으므로, 마분지나 다른 물질에 뿌리는 것이 바람직하다.
⑪ 핀셋을 사용하여 채취할 때에는 자료의 손상에 주의하고, 가급적 나무젓가락 사용하고 채취 시 인위적으로 가하여진 변화에 대하여는 상세히 기입한다.

4 사진감식

(1) 형사사진의 의의

① 형사사진이란 사진의 특수성을 이용하여 범죄와 관련된 장소·물건·사람의 상황을 촬영하여 그것을 수사자료 또는 증거자료로서 이용하는 것을 말하고, 범죄현장사진은 형사사진이다.
② 필요성
   ㉠ 범죄현장상황, 특정한 증거물의 모양, 특정한 부위를 자세하게 보여 줄 수 있다.
   ㉡ 재판관의 추측이나 주관적 편견으로 인한 사실인식의 왜곡을 배제할 수 있다.
   ㉢ 사람의 관찰 및 기억력의 한계를 극복할 수 있게 한다는 점에서 그 필요성이 인정된다.
   ㉣ 현장에서 육안관찰 시에는 관찰범위가 넓어 세밀한 부분을 놓칠 수가 있는데, 형사사진은 촬영 이후 고정된 상태에서 세밀히 관찰하므로 실무에서도 종종 유력한 흔적물을 발견하는 경우가 있다.
      ■ 사진은 육안으로 볼 수 있는 것만을 촬영한다. (×).
   ㉤ 형사사진은 실물을 확대·축소할 수 있는 특성을 갖는다.

(2) 형사사진의 이용효과

① **현장보존의 효과** : 현장사진은 발견 당시의 범죄현장의 상황을 객관적으로 보존하는 효과를 나타낸다. 범죄현장은 사진의 경과에 따라 자연적·인위적으로 변화하지만 현장사진은 발견 당시의 상태를 그대로 객관화시켜 유지하므로 후일에 재관찰할 수 있게 된다.
   ■ 현장이 촬영된 필름의 원판은 절대로 수정해서는 안 된다.

② **수사자료로서의 효과** : 현장사진은 임장 시 발견하지 못한 미세한 자료 및 상황 등을 후일에도 파악할 수 있게 하고, 범행당시의 기억을 환기시키며, 현장을 보지 않은 제3자에게도 현장상황을 파악하게 하는 수사자료가 된다.

③ **증거자료로서의 효과** : 현장사진은 범죄사실을 입증하는 증거자료로서의 효과를 나타낸다.
   ■ 현장기록사진은 임장 당시의 촬영이 실패하면 다시 현장을 복원시켜 촬영한다면 증거물로 활용할 수 있다.(×)

(3) 현장사진 촬영 시 사전 검토사항

① 사건개요 확인
② 유류품 등의 소재 확인
③ 현장변경유무의 확인
   ■ 피의자의 소재확인(×)

(4) 현장사진의 촬영요령

① 사진촬영은 범죄수사에 있어서 다른 어떤 절차보다도 앞서 진행되어야 하고, 도착했을 때의 상태를 그대로 촬영한 후 검증에 의하여 분명하게 된 세부사항을 촬영한다.
② 임장자 또는 감식기자재 등 범행과 관계없는 물체를 넣고 촬영하지 않도록 한다.
   ■ 가능하면 현장임장자나 감식기자재 등을 넣고 촬영한다.(×)
③ 증거물은 적시성이 있고 증명력이 인정되도록 촬영하여야 하며, 물건의 크기나 길이 등을 참작할 수 있도록 자 또는 잘 알려진 물건(담배갑 등)을 함께 놓고 대비하여 촬영하면 효과적이다.
   ■ 사진 속에는 자나 다른 축적을 측정할 수 있는 도구를 포함시켜서는 안 된다.(×)
④ 증거물 등을 촬영할 때에는 제3자인 **입회인이 직접 서명한 표찰**을 함께 놓고 촬영한다.
⑤ 사진촬영은 사진촬영 요령에 따라 신중히 하여야 하며, **1회의 촬영**으로 목적을 달성할 수 있어야 한다.
   ■ 현장사진은 가능하면 수일에 걸쳐서 촬영하는 것이 좋다.(×)
⑥ 잠재지문을 촬영할 경우 분말살포과정에서 지문이 손상될 우려가 있으므로 **분말살포 전에 반드시 촬영**이 이루어져야 한다.
⑦ 도구흔적의 촬영 시에는 근접촬영과 원근법촬영을 동시에 사용한다.

⑧ 수평방향에 넓은 장소가 한 장의 화면에 나올 수 없는 경우에는 ㉠ 그 대상범위를 분해 촬영하여 이것을 이어 합치거나, ㉡ 넓은 수평면을 한 번에 찍을 수 있는 특수 카메라로 촬영하거나, ㉢ 전체의 상황을 한 눈에 볼 수 있는 **파노라마(panorama)식 촬영**이 효과적이다.
- ▪ 젤라틴으로 채취가 곤란한 인상(印象), 족적 등에 있어서는 전체의 상황을 한눈에 볼 수 있는 파노라마식 촬영을 한다. (×)

⑨ **젤라틴(gelatine)으로 채취가 곤란한 인상(印象), 족적** 등에 있어서는 그것의 사진을 감정에 이용하는 것이기 때문에 특히 **정확한 L형 정규 "자" 및 "줄자"**를 인상면과 동일면상에 놓고 촬영하여야 한다.

⑩ 출입구에서 범행장소에 이르는 경로 및 범행장소에서 도주로에 이르는 경로를 순차적으로 촬영한다.

⑪ 계단은 필요에 따라 **상하에서 촬영**한다.

⑫ 복도는 각 실내의 출입수를 알 수 있도록 **양쪽에서 촬영**한다.
- ▪ 복도는 한쪽에서 촬영하여 현상이후 사진의 혼동을 방지한다. (×)

⑬ 가구·일용품 등이 파괴되고 물색되어 흩어져 있는 것 등은 촬영하는 위치에 따라 사진판독이 틀리게 되므로 주의하고 또 충분히 설명될 수 있도록 **여러방향(동일방향 ×)에서 촬영**해야 하며, 특히 촬영범위 내에 반사체(유리, 거울 등)가 있을 때에는 반사광에 유의하여 채광방법을 연구하여 촬영하여야 한다.

⑭ 유(油)지문 현출개소, 전면이 기름으로 되어 있는 지문의 경우는 **형광사진촬영법**이 효과적이다. 단, 오목이 명료한 유지문, 먼지지문의 경우는 **사(斜)광선을 이용하여 촬영**하면 좋다.

⑮ 물색 등의 행적이 발견되지 않는 실내에서도 그 상황을 촬영할 필요가 있다.

⑯ 화재사건의 경우 범죄자가 자신의 방화결과를 주시할 수 있으므로 **구경꾼들에 대한 촬영**이 필요하다.

⑰ 촬영방향은 시계방향으로 순차적으로 중복해서 촬영하고, 중요부분은 근접해서 촬영한다. 외부에서부터 순차적으로 중심부를 향하여 촬영한다.

(5) 사체사진 촬영요령

① 끈졸림사에 있어서는 특히 목부위의 상태가 명확히 표현되도록 근접 촬영한다.
② 손졸림사에 있어서는 손톱 등의 흔적에 주의하여 **채광(採光)과 조사(照射)각도를 변경**시켜 가면서 촬영한다.
③ 옷이 벗겨져 흐트러진 상황, 특히 여자의 하착류(下着類)의 상황은 주의하여 촬영하여야 한다.

④ 신원불상의 변사자 촬영에 있어서는 가능한 한 **생전상태에 가깝게** 인상특징이 표현되도록 촬영하여야 한다. 그러므로 혈흔·오물 등이 얼굴에 묻어 있는 경우에는 깨끗이 닦고 두발을 정리하고 필요에 따라 개안기(開眼機)로 눈을 뜨게 하여 상반신을 일으키는 등 방법을 강구하면 정면보다 약간 경사지게 위에서 밑으로 채광시켜 안면을 촬영한다.
  ■ 변사자 수배용 사진을 촬영함에 있어서 혈흔 등이 얼굴에 묻어있는 경우에는 있는 그대로 촬영하는 것이 좋다. (×)
⑤ 범행현장 시체를 중심으로 한 주위의 상황은 **높은 곳에서** 촬영해야 한다.
⑥ 시체에 가깝게 튄 혈흔은 혈흔만을 근접촬영하고 될 수 있는 대로 시체의 일부와 그 장소 일부를 넣고 촬영하여야 한다.

(6) 렌즈의 활용

1) 표준렌즈
① 사체전신, 부위별, 부검사진
② 실내외 현장 및 각종 증거물
③ 화재현장, 교통사고현장 촬영

2) 광각렌즈
① 초점거리가 짧다.
② 실내상황을 광범위하게 촬영할 수 있다.
③ 좁은 실내에서 표준렌즈 불가능시 사용
④ 밀집된 장소에서 전체 풍경 촬영
  ■ 실내상황을 광범위하게 촬영하거나 좁은 장소에서 촬영할 때에는 표준렌즈를 사용한다. (×)

3) 망원렌즈
① 초점거리가 길다.
② 근접촬영이 어려운 장소에 있는 상황을 원거리에서 촬영 시 사용
③ 피의자 등의 인상 및 행동을 상대방이 알지 못하게 원거리 촬영 시 사용

5 몽타주 작성

(1) 개념

몽타주(Montage)란 범죄수사에서 범인을 목격한 피해자나 목격자 등의 진술을 근거로 범인의 모습과 비슷한 눈·코·입 등 얼굴의 부분별 자료를 합성하여, 범인의 모습과 유사하게 그 특징을 잡아서 그린 얼굴 사진을 말한다.

(2) 몽타주 활용의 효과
① 공개수사자료로 제공함으로써 사건 및 범인에 관한 국민의 관심도를 고양시키고 제보에 의한 범인검거의 효과가 있다.
② 사건현장 주변 탐문수사 및 공조수사에 활용한다.
③ 범인의 행동제약이나 심리적 압박을 유발시켜 자수유도 및 미검거 상태에서 재범방지 효과적이다.
④ 사건현장 거주 주민, 출입자들을 상대로 사건예방 홍보자료로 활용한다.

(3) 몽타주 작성 시 유의사항
① 몽타주는 사건발생 후 피해자나 목격자의 **기억이 생생할 때 빠른 시간 내에** 작성하여야 한다.
② 목격자가 다수일 경우 용의자의 **정면얼굴**을 여러 번 보며 대화를 나누었던 사람, 밝은 장소나 낮에 목격한 사람이 선정되는 것이 이상적이다.
③ 수사종합검색시스템 및 인근주민 사진 등을 몽타주 작성 전에 목격자에게 열람시키면 범인의 인상과 혼동하게 되어 기억이 흐려지게 되므로 반드시 관계 사진 등을 열람하기 전에 몽타주를 작성하여야 한다.
> ▣ 담당형사는 영상시스템 및 주민사진을 사전에 목격자에게 열람하게 하여 몽타주 작성에 도움이 되도록 하여야 한다. (×)

④ 몽타주 작성장소에 목격자를 대동하는 것이 원칙으로 하며 작성이 끝날 때까지 사건 담당자가 참여하여야 한다.

> ≫ 현장스케치
> - 중요한 것은 상세하게, 그 외의 것은 간략하고 알아보기 쉽게 그린다.
> - 스케치한 것을 컴퓨터 그래픽으로 옮겨 그렸더라도 원본은 반드시 보관한다.
> - 시체의 모양을 정확하게 그려 넣는다.
> - 중요한 증거물이나 필요한 물체에 한하여 거리표시를 한다.
>   ▣ 방위표시를 하고 모든 물체에 대해 거리표시를 해 놓는다. (×)

< 과학수사론 Theory of Scientific Investigation >

Chapter 과학수사

제 2 절 지문감식

1. 지문의 의의

(1) 개념

지문이란 사람의 손가락 끝마디의 안쪽 면 피부에 융기한 선 또는 점으로써 형성된 각종 문형 및 인상을 말하며, '융기한 선 또는 점'을 융선이라 한다. 지문이란 본래 손가락에 형성된 융선을 말하는 것이지만 실무상으로는 지문 그 자체뿐만 아니라 종이나 기타의 물건에 인상된 것도 포함된다.

- 광의의 지문에는 장문, 지간문, 기절문, 중절문도 포함하나, 협의의 지문은 손가락 말절 장측부의 융선의 문형을 의미한다.
- 협의의 지문은 장문, 지간문, 기절문, 중절문을 포함한다. (×)
- 살인범죄현장에서 채취한 범인의 지문은 간접증거이다. (○)
- 지문은 유류된 지 6개월이 지나면 채취되지 않는다. (×)

(2) 지문의 2대 특성

지문은 인간뿐만 아니라 원숭이나 침팬지 등도 갖고 있다.

- 지문은 인간만이 갖고 있는 것이다. (×)

① **만인부동** : 문형의 고유한 특징 전부가 일치하는 동일한 문형은 다른 데에는 절대로 존재하지 않는다.

- 일란성 쌍둥이의 경우에 DNA지문은 일치하나, 지문은 일치하지 않는다. (○)

② **종생불변** : 사람이 이 세상에 가지고 태어난 지문은 그 사람의 일생을 통하여 **변화되지 않는다**. 그러나 지문의 피부가 직업적인 원인에 의하여 마멸되거나, 창상 등에 의해 손상되면 지문도 마멸 또는 절손되며, 창상 등이 가벼운 경우에는 이전의 문형과 동일한 특징을 구비한 문형이 재현된다.

- 표피 아래 진피부분이 상처를 입게 되면 상처부분을 치료하더라도 지문이 원상회복되지 않는다. (○)

(3) 지문의 효용

① 피의자의 신원확인
② 피의자의 범죄경력의 확인
③ 변사자의 신원확인
④ 현장지문에 의한 범인의 신원판명

- 지문 자체의 특성에 의한 범죄수법 식별 (×)

2 지문의 종류

(1) 현장지문과 준현장지문

① 현장지문
  ㉠ 범죄현장에서 범인의 것으로 의심되어 채취한 지문을 말하며, 피의자로부터 직접 채취한 지문과는 구별된다.
  ㉡ 잠재지문과 현재지문을 포함하며, 범인의 신원확인에 중요한 자료가 된다.
  ■ 현장지문은 범인의 지문이므로 지문을 통해 신원이 확인되면 바로 용의자로 특정한다. (×) – 현장지문에는 범인 이외의 관계자 지문 등이 포함되어 있으므로 관계자들과의 대조 및 구별과정을 거쳐야 한다.

② 준현장지문 : 범죄현장과 관련이 있는 범인의 **침입경로, 도주경로 및 예비장소** 등에서 발견된 지문 또는 전당포, 금은방 등에 비치된 거래대장에 압날된 지문 등 피의자 발견을 위하여 **범죄현장 이외의 장소**에서 채취한 지문을 말한다.
  ■ 범죄현장과 관련이 있는 범인의 침입경로, 도주경로 및 예비장소 등에서 발견된 지문을 현장지문이라 한다. (×)

(2) 현재지문과 잠재지문

유류상태(인상상태)에 따라서 현재지문과 잠재지문으로 구별된다.

① 현재지문 : 지두의 분비물 이외의 유색물질로 입체적으로 화학적으로 가공을 하지 않고도 육안으로 볼 수 있는 지문을 말한다.

정상지문	㉠ 손끝에 묻은 혈액·잉크·먼지 등이 손가락에 묻은 후 피사체에 인상된 지문이므로 무인했을 때의 지문과 동일하다. ㉡ 정상지문에서는 **융선(이랑)부분**이 착색된다.
역지문	㉠ **먼지 쌓인 물체, 연한 점토, 마르지 않은 도장면**에 인상된 지문을 가리키는 것으로 이 경우 융선의 고랑과 이랑이 반대로 현출된다. ㉡ 역지문에서는 **고랑부분**이 착색되고 융선부분은 착색되지 않는다. ㉢ 점토에서는 일반적으로 역지문이 현출된다.

  ■ 혈액이 묻은 손가락으로 물체를 만졌을 때 착색된 부분이 융선이라면 이는 역지문이다. (×)
  ■ 먼지에 쌓인 물체나 연한 점토에 찍힌 지문은 정상지문이다. (×)
  ■ 정상지문은 융선의 고랑과 이랑이 반대로 현출되는 지문을 말한다. (×)
  ■ 현장지문에는 정상지문과 잠재지문으로 나눌 수 있다. (×)

② 잠재지문 : 지두의 분비물에 의해서 인상되어 화학적으로 가공·검출하지 않으면 육안으로 보이지 않는 지문을 말한다.
  ■ 현장지문은 인상상태에 따라 현재지문과 유류지문으로 나눌 수 있다. (×)
  ■ 잠재지문은 범인의 손에 혈흔 등 이물질이 묻어서 남겨지는 지문을 말한다. (×)
  ■ 잠재지문은 지문규칙상 지문의 종류가 아니다. (○)

(3) 관계자지문과 유류지문

① 관계자지문 : 현장지문 또는 준현장지문 중에서 범인 이외의 자(피해자, 현장출입자 등)가 남긴 것으로 추정 되는 지문을 의미한다.

② **유류지문** : 현장지문 또는 준현장지문 중에서 관계자지문을 제외하고 남은 지문으로 범인지문으로 추정되는 지문을 의미한다.
- 범인의 지문일 가능성이 가장 높은 것은 **유류지문**이다. (○)
- 유류지문이란 현장지문 또는 준현장지문 중에서 관계자지문을 포함한 지문이다. (×)
- 범행현장에 남겨진 지문은 일단 통틀어 유류지문이라 칭한다. (×)

3 지문의 유형

(1) 지문의 분류방법
① 지문의 분류방식으로는 헨리식 분류방법과 함부르크식 분류방법으로 나뉜다.
② 우리나라는 독일 함부르크 경찰청장 Rosher박사가 1903년에 완성한 **함부르크**(Hamburg)식 지문분류법을 사용하고 있고, 전 세계적으로 가장 많이 사용되고 있는 분류방법은 헨리식 분류방법이다.
- 함부르크식 분류법은 전 세계적으로 가장 널리 사용되고 있다. (×)
- 우리나라 지문분류체계는 헨리식 분류방식을 사용하고 있다. (×)

(2) 지문분류표(함부르크식 분류표)

문 형		분 류 방 법
궁상문		⟨1⟩
제상문	갑종	⟨2⟩
	을종	우수의 좌측, 좌수의 우측에 각이 있는 경우로 내단과 외단 사이의 가상의 직선에 접촉된 융선의 수를 기준으로 • 7개 이하 : ⟨3⟩ • 8~11개 : ⟨4⟩ • 12~14개 : ⟨5⟩ • 15개 이상 : ⟨6⟩
와상문		추적선이 우측각의 위 또는 아래로 흐를 때 추적선과 우표준점 사이의 융선의 수를 기준으로 상류와상문 : 우측각 위로 흘러 융선의 수가 4개 이상 : ⟨7⟩ 하류와상문 : 우측각 아래로 흘러 융선의 수가 4개 이상 : ⟨9⟩ 중류와상문 : 우측각 위, 아래로 흘러 융선의 수가 3개 이하 : ⟨8⟩
변태문		궁상문, 제상문, 와상문의 어느 것에도 속하지 않는 지문 : ⟨9⟩ 에다가 · 을 찍는다. 9
절단문		지두절단 ⟨0⟩
손상문		손상된 지문⟨0⟩ 에다 · 을 찍는다. ● ■ 피해자가 화재로 인하여 지문감식을 할 수 없을 경우 (○)

>> 지문채취 순서

좌수의 시지·중지·환지·소지·무지의 순서로 채취한 다음, 우수의 시지·중지·환지·소지·무지의 순으로 채취한다.

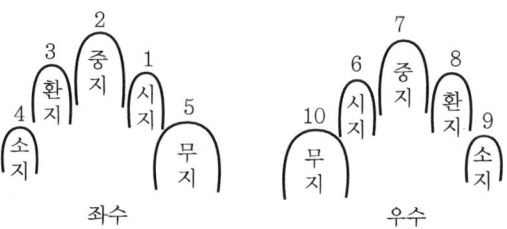

(3) 지문의 유형

1) 궁상문

① 융선의 문형 : 지문융선이 좌측 또는 우측으로부터 흐르기 시작하여 그 형상이 활모양 또는 파도모양을 형성하고 반대쪽으로 흐르는 융선으로 형성된 문형을 말한다.

② 특징
  ㉠ 삼각도가 없다.
  ㉡ 돌기방향은 반드시 상부를 향한다.

③ 종류
  ㉠ 보통궁상문 : 보통궁상선이 모여서 1개의 문형이 형성된 것
  ㉡ 돌기궁상문 : 파도와 같이 돌기된 융선이 모여서 문형이 형성된 것
  ㉢ 편류궁상문 : 중심부 융선이 좌측 또는 우측으로 편류된 것
  ㉣ 궁상문에 준하는 문형 : 중심부에 제선두가 1개 있으나 가상반원을 봉상선이 뚫고 나가 제선두가 파괴된 것

[보통궁상문]   [돌기궁상문]   편류궁상문   궁상문에 준하는 것

2) 제상문

① 융선의 문형 : 말(馬) 발굽모양의 제상선이 모여서 형성된 지문
② 특징
  ㉠ 융선이 흐르는 반대쪽에 (좌측이나 우측에) 삼각도가 1개 있다.
  ㉡ 돌기방향이 대부분 상부를 향한다.
  ㉢ 우리나라 국민이 가장 많이 보유하고 있는 지문유형이다.
    ■ 제상문은 말발굽 모양의 융선으로 이루어져 있으며 삼각도가 2개 있다. (×)

③ 종류
　㉠ 갑종제상문 : 좌수의 지문을 찍었을 때 삼각도가 좌측에 형성되어 있고, 우수의 지문을 찍었을 때 삼각도가 우측에 형성되어 있는 지문
　㉡ 을종제상문 : 좌수의 지문을 찍었을 때 삼각도가 우측에 형성되어 있고, 우수의 지문을 찍었을 때 삼각도가 좌측에 형성되어 있는 지문

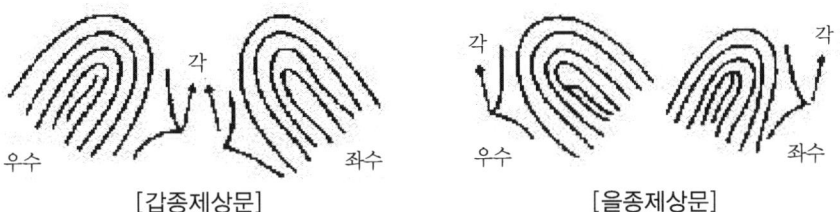

[갑종제상문]　　　　[을종제상문]

> **내단 지정방법**

1 내단의 의의
중핵제상선의 가상반원 내에 있는 기준점으로서 을종제상문 분류상 기준이 된다.

2 내단 지정방법
내단요소가 되는 융선(점, 단선, 호상선, 봉상선, 조상선 등)이 중핵제상선의 가상반원선에 도달하거나 또는 가상반원선 안에

- 다른 융선이 없을 때에는 외단에서 먼 가상반원선의 교차점

- 높이가 다른 것이 2개 이상 있을 때는 가장 높은 것

- 높이가 같은 것이 2개인 경우는 외단에서 먼 곳

- 높이가 같은 것이 3개 이상일 때 홀수인 때는 제일 중앙의 것

- 높이가 같은 것이 짝수인 경우는 중앙의 2개 중 외단에서 먼 곳

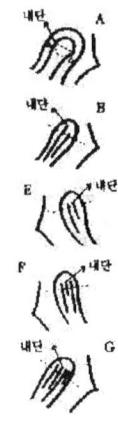

>> 외단 지정방법

1 외단의 의의
제상선이 흐르는 반대측에 형성된 삼각도의 모양에 따라 형성된 것으로 을종제상문의 분류상 필요한 기준점

2 외단 지정방법
- 접합외단 : 삼각도의 외측을 형성한 2개의 융선이 접하였을 때 그 접합점

- 개재외단 : 병행선 사이에 개재선이 있을 때에는 가상정점으로부터 병행선과 가상직선을 그었을 경우 개재선과의 교차점을 외단으로 정한다.
  다만, 개재선이 짝수일 때에는 병행외단의 방법에 준한다.

- 점외단 : 병행각에 점이 있는 경우로서 점 자체가 외단이 된다.

- 병행외단 : 삼각도의 외측을 형성한 2개의 융선이 병행선을 이룬 경우 병행선을 2등분하는 가상정점으로부터 내단을 향하여 가상직선을 그어 융선과 처음 만나는 교차점을 외단으로 정한다.
  ■ 병행각내에 아무것도 없는 경우에는 병행각의 가상각이 외단이 된다. (×)

■ 을종제상문 중 내단과 외단 사이의 가상의 직선에 접촉된 융선의 수가 12~14개인 경우 지문의 분류기호는 <3>번이다. (×)
■ 우수에 삼각도가 좌측에 있고 융선이 8개이면 함부르크식 분류법에 의하면 번호는 <4>번이다. (○)

3) 와상문

① 융선의 문형 : 지문 중심부의 형태가 달팽이나 회오리처럼 빙글빙글 돌아가는 형상이고, 좌우양쪽에 각이 있는 것
② 특징 : 삼각도가 2개 이상이 있다.
③ 종류
  ㉠ 상류와상문 : 추적선이 우측각 내측, 위로 흘러서 추적선의 종점과 우표준점 사이의 이등분선상에 접촉된 융선의 수가 4개 이상 있는 경우
  ㉡ 중류와상문 : 와상문 중 접촉융선이 없거나, 추적선이 우측각 내·외측으로, 위·아래로 흘러서 추적선의 종점과 우표준점간의 융선의 수가 3개 이하인 경우
  ㉢ 하류와상문 : 추적선이 우측각 외측, 아래로 흘러서 추적선의 종점과 우표준점 사이의 이등분선상에 접촉된 융선의 수가 4개 이상 있는 경우
    ■ 와상문에서 추적선이 우측각 위로 흐르고 융선수가 4개 이상이면 지문번호가 <7>번이다. (○)

< 과학수사론 Theory of Scientific Investigation >

Chapter 과학수사

■ 와상문 중 추적선이 우측각 내측으로 흘러서 종점과 우표준점 사이의 이등분선상에 접촉된 융선의 수가 4개 이상이면 지문의 분류번호는 <9>번이다. (×)

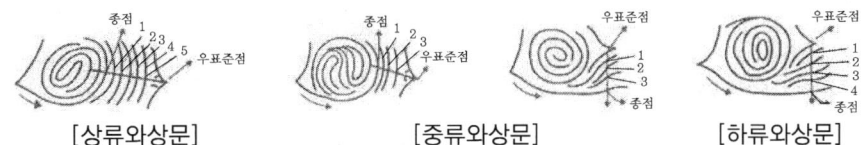

[상류와상문]   [중류와상문]   [하류와상문]

▶ 추적선이 중간에서 끊어졌을 때의 추적방법

- 추적선은 좌측각의 밑의 선을 시발점으로 해서 우측각 쪽으로 추적한다.
- 추적선이 끊어졌을 때에는 바로 밑선을 추적한다.
- 추적 중 1개의 선이 2개로 갈라졌을 때에는 **굵은 선**을 추적하고, 갈라진 두 개의 선의 굵기가 같을 때에는 **밑선**을 추적한다.

▶ 우리나라 사람의 지문분포비율

지문종류	제상문	와상문	궁상문	기타지문
비율	50.8%	45.2%	3.1	0.9

4 지문채취 방법

(1) 지문채취방법

1) 채취하기 전 조치사항

① 손을 깨끗이 씻는다.
② 수분을 완전히 제거한다.
③ 무좀이나 기타 피부질환으로 허물이나 물집이 생겼을 때에는 핀셋 등으로 **꺼풀을 완전히 제거**하여 융선을 현출한다.

2) 채취 시 유의사항

① 지문잉크를 고르게 칠한다. 지문잉크 과도오염으로 융선이 잘 안보이면 대조가 곤란하다.
② 지문잉크를 칠한 부분에 먼지 등 오물이 부착하지 않았는가를 확인한다.
③ 압날하기 전에 지문의 문양, 각의 위치 등을 확인하고 손가락을 좌측부터 우측으로 회전시켜 양쪽 각이 현철되도록 회전압날한다.
④ 손가락에 힘을 주지 않도록 하며, 자연스러운 상태로 채취한다. 너무 힘을 가하면 융선의 특징을 파악하기 힘들다.
   ■ 피채취자의 손을 쭉 펴게 하고 손가락에 힘을 주도록 해서 지문을 채취한다. (×)
⑤ 평면압날 시에는 가능한 한 지간문(손가락 상반마디와 손바닥사이)이 현출되도록 채취한다. 이러한 평면압날은 회전압날이 잘 안보일 경우에 대조하기 위한 것이다.

⑥ 지두절단 및 손상 또는 기타의 사유로 지문채취가 불가능한 때에는 해당란에 그 사유를 기재한다.
   ▣ 손가락의 말절부분이 절단된 사람은 중절문으로 채취한다. (×)

(2) 현장지문의 보존요령

1) 현장지문 보존 시 주의사항
① 범죄현장의 잠재지문을 채취하기 전에 최초 발견된 상황 그대로 보존해야 한다.
② 현장지문의 보존범위는 목격자 진술 등을 잘 듣고 추론하여 판단한다.
③ 강력사건현장에는 행인, 인근인, 언론인, 경찰관계자 등 수많은 사람들이 몰리게 마련인데 이때 어느 누구도 현장감식이 완전히 끝날 때까지는 보존구역 내로 들어가서 물건을 만져 지문을 남기는 일이 없어야 한다.
④ 임장경찰관은 책임자의 통제에 따라 행동하여야 하며, 설사 장갑을 낀 경우라도 현장의 물체에 함부로 손을 대서는 안 된다.
   ▣ 미리 장갑을 착용한 후 현장에 있는 여러 물체를 만져보며 상세히 조사하였다. (×)
⑤ 범죄현장에서 발견되는 흉기, 기타 물건 등 증거자료는 **먼저 지문을 채취한 후** 신중히 취급하고, 혈액감정을 위하여 지문을 채취할 자료를 함부로 취급하여서는 안 된다.
   ▣ 협박편지의 필적과 지문감식, 칼의 혈흔과 지문감식 등이 경합되었을 때는 먼저 필적감정이나 혈액형검사를 실시한다. (×)

2) 현장지문의 검색·발견방법
① 현장지문을 채취하기 위해서는 그 발견이 전제되어야 한다. 통상 현장지문은 침입구, 물색 개소, 도주구 등에 유류되어 있으므로 이러한 곳들을 중점적으로 검색하여야 한다.
② 육안으로 식별할 수 없는 잠재지문이라 하더라도 회중전등, 거울 같은 것을 이용하여 **사광선, 반사광선**을 비춰봄으로써 육안으로도 지문의 존재가 식별되기도 한다.
③ 침입창문이 깨어져 있다면 그 유리조각에서도 지문을 채취할 수 있으므로 반드시 조사를 한다. 절도사건에서 지문을 찾을 가능성이 가장 높은 장소는 귀중품을 보관하는 보석함, 금고, 캐비닛(cabinet)이다.
④ 차량도난의 경우 대부분의 운전자들이 맨 처음 후사경을 조절하기 때문에 후사경을 주의 깊게 조사할 필요가 있다.
   ▣ 폭력사건의 경우 현재지문은 풍부하나 잠재지문은 거의 없는 편이다. (×)

3) 현장지문의 증명력 보존방법
① 지문은 개인식별상 절대적인 증명력을 가지고 있으며 범죄현장에서 채취한 유류지문은 범죄수사에 있어서 「증거의 왕」으로 취급되나, 채취한 지문이 범죄현장, 채취장소, 채취물건과의 연관성이 명확치 않으면 그 가치를 부정하게 된다.

② 현장검색의 결과 지문이 검출되었을 때에는 반드시 **채취에 앞서 입회인의 확인**이 필요하다.
③ 지문검출 시 검출한 물체의 존재장소를 명확하게 하기 위해서 채취에 앞서 사진촬영을 하여야 한다.
- 입회인을 확보하지 못한 경우에는 동료형사를 참여시켜야 한다. (×)
- 칼에서 범인의 지문이 검출되어 멸실되기 전에 즉시 고체법으로 채취하고 사진촬영하였다. (×)

④ 사진촬영 시 현장지문을 검출한 물건에 사건명, 사건발생년월일, 피해자, 채취년월일, 입회인성명, 채취자의 성명을 기재한 표찰(입증조치표)을 첨부하여야 하며, 동일한 물건, 장소에서 수개의 지문을 검출하였을 때에는 지문에 **번호를 매긴 후 사진촬영**을 하여야 한다.
⑤ 전사판에 현장지문을 채취할 경우 뒷면에 필요한 사항을 기입하여야 하고, 지문채취 후에는 채취보고서를 작성한다.

(3) 현재지문의 채취방법

① 현재지문이 먼지에 인상된 경우 : 사진촬영에 의한 방법, 전사판에 의한 방법, 실리콘러버에 의한 방법을 사용한다.
② 현재지문이 혈액으로 인상된 경우 : 사진촬영에 의한 방법, 전사판에 의한 방법을 사용한다. 실리콘러버 (×)

(4) 잠재지문 채취방법

1) **고체법**
    ① 개념 : 고체법은 **분말법**이라고도 하며, 미세한 분말을 지문이 인상되었다고 생각되는 물체에 도포해서 분비물에 부착시켜 잠재지문을 검출하는 방법을 말한다.
    ② 대상물체 : 표면이 비교적 편편하고 매끄러우며 **경질의 물체상**(예 도자기, 창문, 가구, 금속, 플라스틱, 초자류 등)에 유류된 잠재지문을 채취하는 데 적당하다.
    - 절도 범죄현장에서 범인이 피해자 주택에 침입 시 만진 것으로 추정되는 창문유리조각 (○)
    ③ 분말을 부착시키는 방법
        ㉠ 쇄모법 : 일반적으로 사용되는 방법인 **붓을 이용**하여 분말을 물체 위에 바르는 방법
        ㉡ 롤(roll)법 : 물체위에 분말을 뿌린 후 물체를 기울이거나 돌리거나 하는 방법으로 분말을 물체 전면에 닿게 하는 방법
        ㉢ 분사(spray)법 : 분말용 분무기를 사용하여 분말을 뿜는 방법
    ④ 채취방법
        ㉠ 분말을 일정한 용기에 덜은 후 분말을 모필 끝에 묻혀 가볍게 턴 후 검체의 한쪽에서부터 가볍게 쓸면서 잠재지문을 검출한다.
        ㉡ 지문이 검출되면 지문융선의 흐르는 방향에 따라서 모필을 움직이고, 융선과 융선 사이에 묻어 있는 여분의 분말을 다른 솔로 털어 버린다.

ⓒ 한 번에 많은 양의 분말을 도포하여 선명히 검출할 수 있는 지문을 분말과다로 인한 불선명한 지문이 되지 않도록 주의한다.
- 분말을 일시적으로 많이 도포하여 선명한 지문이 되도록 한다. (×)

ⓔ 검출된 지문은 반드시 사진촬영 후에 **전사판** 또는 실리콘러버로 전사 채취한다.

⑤ 사용검체에 따른 분말의 색깔

분말의 색상	사용검체의 색상
은색분말	어두운 색깔
흑색분말	밝은 색
적색분말	황·청색

- 흰색 도자기의 경우에는 흑색분말과 흰색 전사판을 이용한다. (○)

2) 액체법

① 개념 : 액체법이란 지두의 분비물 중의 염분, 단백질 등에 화학적 반응을 일으켜서 지문을 검출하는 방법이다. 액체법에 의하여 검출된 지문은 **사진촬영법(전사법 ×)** 을 이용하여 채취한다.

② 대상물체 : 종이류와 같이 검체가 흡수성 다공질인 경우에 주로 사용된다.

③ 닌히드린 용액법
 ㉠ 땀 속에 함유되어 있는 **아미노산(단백질)** 과의 반응을 이용하여 **자청색의 발색반응** 을 야기하는 방법이며, 종이류 등에 이용된다.
 ㉡ 전기다리미나 자외선 램프로 약 1분간 가열하면 잠재지문이 검출된다.
 - 종이류에 용액을 침투시킨 후 햇빛으로 열처리를 한다. (×)
 ㉢ 닌히드린용액은 **인화성이 강한 약품** 이므로 검체를 태우는 일이 없도록 가열할 때 주의를 요한다.
 - 닌히드린용액이 증발한 후 담배라이터나 성냥불로 가열시킨다. (×)
 ㉣ 지문이 검출되면 사진촬영한다(전사법을 활용하지 못함).
 - 지문이 현출되면 전사법으로 전사한 후 사진촬영한다. (×)

④ 초산은 용액법
 ㉠ 지두 분비물 중 염분과의 반응을 이용하여 **자색으로 지문을 검출** 하는 방법이며, 종이류 등에 이용된다.
 ㉡ 드라이 등으로 초산은용액을 신속히 건조시킨 후 **자외선발광기** 또는 **태양광선(햇빛)** 등에 쪼인다.
 ㉢ 약 3~4분간 햇빛에 쪼이고 지문이 현출되면 중지한다.
 ㉣ 지문이 검출되면 사진촬영한다(전사법을 활용하지 못함).
 - 지문이 현출되면 전사법으로 전사한다. (×)

⑤ **치오시안산용액법** : 치오시안산용액을 분무하여 먼지에 찍힌 불선명한 잠재지문을 적갈색으로 검출하여 사진촬영한다.

⑥ DFO법
  ㉠ DFO법은 닌히드린용액법과 같이 잠재지문 성분 중의 아미노산과 반응하여 형광성의 적색물질을 만드는 것이다. 형광을 지문검출에 이용하기 때문에 그 감도는 닌히드린법보다도 훨씬 우수하다.
  ㉡ DFO법은 질산은용액법, 닌히드린용액법과 마찬가지로 지류(紙類)에 대한 지문채취용 시약이다.
  ㉢ DFO용액을 침투시킨 후 다리미나 100℃ 열처리판으로 **열처리**를 한다.

⑦ SPR
  ㉠ SPR(Small Particle Reagent)용액은 미세한 몰리브덴 이황화물(MoS2)입자로 이루어져 있는데, 지문의 지방성분에 검정색 미세분말이 고착되면서 잠재지문을 현출시키는 물리적인 방법이다.
  ㉡ SPR용액은 비흡수성 물질인 금속, 바위, 콘크리트, 비닐봉투, 유리 등에서 효과적이고 비에 젖거나 호수나 수영장에서 꺼낸 자동차와 같이 **젖은 표면**에 있는 잠재지문을 현출시키는 방법으로 가장 잘 알려져 있다.
    ■ SPR을 사용하여 지문채취할 경우에는 물기를 말려야 한다. (×)
  ㉢ SPR 용액으로 현출된 잠재지문은 깨끗한 전사테이프로 **전사**하거나 **사진촬영**하면 된다.

  ▶ 물에 젖은 유리컵 지문채취법

  > • 물에 젖은 유리컵에 대한 지문채취법으로는 말린 후 CA기체법(강력순간접착제법)을 실시하고 흑색분말로 지문채취, SPR을 사용하여 지문채취하는 방법이 많이 사용된다.
  > • 세제는 지문에 잔류된 단백질 등을 분해하므로 세제를 풀어 놓으면 그냥 물속에 담그어 놓은 것보다는 지문채취가 더욱 어려워진다.
  > • SPR을 사용하여 지문채취할 경우 물기를 말리지 않아도 된다.

3) 기체법
  ① 옥도가스법
    ㉠ 옥도가스를 사용하여 분비물의 **지방분**을 다갈색으로 착색시켜 지문을 검출하는 방법이다.
    ㉡ 옥도(요오드)법은 종이류, 목재류, 초자(硝子)류, 도자기류 등에 이용된다. 옥도(요오드)법에 의하여 지문이 검출되면 사진촬영법을 이용하며, 전사법을 활용하지 못한다.
    ㉢ 퇴색 소멸된 경우에도 옥도(요오드)가스를 뿜으면 **몇 번이라도** 지문을 검출할 수 있다.
      ■ 기체법에 의해 지문을 채취하는 경우 퇴색 소멸되면 다시는 검출하지 못한다. (×).
    ㉣ 지문이 검출되면 사진촬영한다(전사법을 활용하지 못함).

ⓜ 옥도가스법의 사용이 불편하여 현재는 IODIN(아이오딘)이란 상표명으로 튜브식 지문채취 세트가 판매되고 있다.

② 강력순간접착제법(CA기체법)
  ㉠ 강력순간접착제(super glue)법은 주성분인 시아노아크릴레이트(cyanoacrylate) 증기를 이용하여 여기에서 발생된 증기가 지문 속에 함유되어 있는 **염분, 지방분, 단백질** 등과 화학반응을 일으켜 백색의 지문이 현출되게 하는 것이다.
  ㉡ 피혁류, 플라스틱류, 비닐류, 스티로폴, 은박지, 사과, 감 등 과일류에서도 지문검출이 가능하다.
  ㉢ CA기체법으로 잠재지문이 현출되었으나, 피검체가 구면체로서 지문의 사진촬영이 곤란할 시에는 분말을 도포하여 **전사판으로 채취할 수** 있다.
    ■ 분말법으로 지문채취 시 실패할 가능성이 많은 경우 강력순간접착제법은 분말법의 前처리단계로도 이용된다.

  ▶ 비닐봉지 지문채취법

  - CA기체법(강력순간접착제법)을 사용한 후 베이직옐로(Basic Yellow)를 사용하여 형광 염색하는 방법이 쓰일 수 있다.
  - SPR을 이용해 지문을 채취할 수도 있다.

③ 오스믹산 용액법
  ㉠ 오스믹산(osmic acid)용액법은 오스믹산의 증기에 의한 화학반응을 이용하여 **흑색**의 지문을 검출한다.
  ㉡ 습기있는 **지류(紙類), 장기간 경과된 문서, 화장지류, 과실류, 각종테이프류, 피혁류, 스티로폴류, 나무 잎사귀**에 남아 있는 지문의 현출도 가능하다.
    ■ 대변묻은 휴지(○)
  ㉢ 유리시험관에 넣을 수 없는 대형물체에 부착된 지문은 오스믹산용액법으로 지문현출이 불가능하다.

  ▶ 잠재지문 검출방법 및 현출색

검출방법	현출색	검출방법	현출색
닌히드린용액법	자청색	초산은 용액법	자색
벤지딘용액법	청색	치오시안산용액법	적갈색
옥도가스법	다갈색	강력순간접착제법	백색
오스믹산용액법	흑색		

④ 진공금속지문채취기법(VMD : Vacuum Metal Deposition)
  진공금속지문채취기법은 범죄현장의 증거물을 장비의 진공통에 넣고 진공상태에서 금과 아연을 증발시켜 증거물에 입힘으로써(도금형식) 유류지문을 현출하는 방법이다. 이 기법은 강력순간접착제법보다 효과가 크고 **오래된 지문도 현출**이 가능하다는 장점이 있다.

⑤ 화염법 : 금속류에 유류된 잠재지문 채취할 때 쓰인다. 화염법은 벤젠·송진·양초 등

< 과학수사론 Theory of Scientific Investigation >

과학수사

을 연소할 때 생기는 매연을 접촉·검출 시킨 후 사진촬영하거나 젤라틴지·셀로판테이프에 전사하는 방법으로 잠재지문을 채취한다.

⑥ 사광선 이용법 : 금속·유리에 찍힌 먼지·유지 등이 부착된 잠재지문은 사광선을 이용하여 관찰하면 발견할 수 있다. 이 경우 카메라를 지문이 찍힌 면에 수직으로 고정시키고 파인더를 보면서 사광선을 비추고, 지문이 가장 잘 보이는 위치에 조명을 고정시키고 촬영하면 된다(오목이 명료한 유지문(○)).

⑦ 형광촬영법 : 유지가 묻은 곳에 남겨진 잠재지문이나 형광제가 묻은 손에 의해 찍힌 잠재지문은 자외선을 쏘면 형광을 발하여 검출되는 수가 있는데 이를 촬영하는 것이다. 이때 단파의 자외선은 눈과 피부에 해롭기 때문에 장파의 자외선을 이용한다.

⑧ 적외선촬영법 : 먼지가 조금 묻은 손에 의해 찍힌 지문은 적외선 필름 및 적외선 필터를 사용하여 촬영하면 채취된다.

⑨ 레이저광선이용법 : 레이저 지문채취기(Copper Vapor Raser)로 검체에 조사하여 지문을 채취한다. 레이저 지문채취기는 사람의 땀 속에 있는 아미노산, 리보플라빈, 피리독신 등의 자연형광물질에 레이저광을 조명하면 녹색·황색 등으로 발광되어 잠재지문을 선명하게 검출하여 개인을 식별하는 감식장비이다.

▶ 복식검출법

- 복식검출법이란 2가지 이상의 채취방법을 혼합하여 채취하는 방법이다.
- 복식검출법 순서
  광선이용 ⇨ 기체법 ⇨ 분말법(고체법) ⇨ 닌히드린용액법 ⇨ 초산은용액
- ■ 복식검출법에 의해 지문을 검출할 경우 광선이용 ⇨ 기체법 ⇨ 분말법 ⇨ 초산은 용액법 ⇨ 닌히드린 용액법의 순서에 의한다. (×)

▶ 검체의 특성에 따른 지문채취법

- 접착면 지문채취법
  - 스티키사이드파우더(Stiky-Side Powder)
  - 어드헤시브사이드파우더(Adhesive-Side Powder)
  - 젠티안 바이올렛(Gentian Violet)
  - 크리스털 바이올렛(Crystal Violet)
  - 테이프 글로(Tape Glow)
  - 에멀전 블랙
  - 사삼산화철(Fe_3O_4)
- 청테이프 바깥면 지문채취를 위해 CA기체법(강력순간접착제법)을 사용
- 박스용지와 청테이프 분리를 위해 Un-du라는 약품을 사용
- 육안으로 관찰되지 않는 혈흔오염지문 채취법 - 아미도 블랙
- 감열·감압지 지문채취법
  감열·감압지로 된 은행번호표에 대한 지문채취법은 자석분말법, 아이오딘(Iodin) 기체법(옥도가스법), 오스믹산법, 질산은법(초산은법) 등이 있다.
- 젖은 지류에 유류된 지문채취법 : 피지컬 디벨로퍼
- 협박편지에서의 지문검출 : 닌히드린용액 제조시 잉크가 번지는 것을 막기위해 HFE-7100을 용매로 사용한다.

(5) 사체지문 채취방법

1) 서설

신원불상 변사자(행려병사자, 익사자, 교통사고 사망자, 자·타살 혐의 변사자 등)의 지문의 사람이 죽은 뒤 신체의 생리활동 중단으로 지문융선 고랑부분의 불순물 등이 굳어져 있어서 물로 닦을 경우 잘 닦아지지 않으므로 알코올 등을 이용하여 불순물을 제거한 후 채취한다.

2) 직접 채취법

① 사후 얼마 안 된 시체 : 알코올로 세척한 뒤 롤러로 지문 잉크를 바르거나 소형 잉크대로 지문에 직접 접착하여 지문 신원조회양식에 채취한다. 동일 지문을 3장 정도 채취하는 것이 좋다.

② 부패된 시체의 표피의 경우 : 손가락을 에틸알코올 등의 약품에 담근 다음 화장지 등으로 습기를 제거하고 표피에 스펀지를 이용하여 지문 잉크를 얇은 종이를 손바닥에 대고 2~3회 압날하여 채취한다.

3) 실리콘러버 이용 채취법

① 개념 : 요철이 심한 손, 미라화 한 손, 물에 젖어 불은 손의 지문을 채취할 때 실리콘러버를 활용하여 채취하는 방법이다. 변사자의 손가락이 오래되어 건조, 부패되었거나 화상으로 오그라들었을 경우는 지문 잉크 대신 실리콘러버를 이용 채취한다.

② 채취요령

㉠ 손을 알코올 등으로 닦아 낸 뒤 실리콘러버에 5%의 경화재(가다리스트)를 섞어 검체에 기포가 들어가지 않도록 붓는다. 검체가 구면체인 경우에는 적당한 종이에 주걱으로 눌러서 검체의 한쪽으로부터 기포가 들어가지 않도록 가만히 눌러 붙여 굳어진 후에 (약 5분 후) 가만히 떼어낸다.
■ 혼합 시에 기포가 많이 생길수록 좋다. (×)

㉡ 떼어낸 실리콘 위에 탈크분을 엷게 바른다. 피막제인 Strippable Paint 작은 붓으로 골고루 도포한다. 이후 드라이어 등으로 건조시키고 이를 6~7회 반복한다. 잘 말린 후 또 탈크분을 바르고 실리콘으로부터 피막을 벗긴다. 벗긴피막에 지문잉크를 바른 뒤 압날한다.

㉢ 또 하나의 간편한 방법으로 채취된 실리콘 위에 백색 분을 엷게 발라 지문신원조회 용지에 지별 순서대로 배열 의뢰하면 경찰청에서 접사링을 이용하여 사진촬영한 후 대조하게 된다.

㉣ 요철이 심한 손, 물에 젖어 불은 손 등은 알콜로 닦아낸 뒤 실리콘러버를 눌러 붙여 떼어낸 뒤 정상지문으로 환원해 주는 작업이 필요하다.
■ 실리콘러버법만으로도 대조 가능한 완전한 지문을 현출할 수 있다. (×)
■ 실리콘러버를 눌러 붙여 떼어낸 후 압날하여 감식의뢰 한다. (×)

4) 피부형성제 사용법

죽은 사람의 손가락은 시일이 경과하면 탈수되어 탄력이 없고 쭈글쭈글하게 된다. 이러한 시체의 지문을 채취코자 할 때 그대로 손가락에 지문잉크를 칠하여 잉크자체가 골고루 묻지 않아 선명한 지문을 채취할 수 없다. 이때 표피를 평평하게 펴서 채취하기 위해 사용하는 약품이 피부형성제이다. 피부형성제를 사용하더라도 손가락이 너무 부패하였거나 지나치게 탈수해서 건조되어 있는 손가락에 한계가 있다(이때는 실리콘러법을 쓸 것).

(6) 지문의 대조감정

① 지문의 대조감정이란 2개의 지문을 비교하여 특징을 지적하고 그 특징들이 일치하는가를 비교 확인하는 것, 즉 대조하는 2개의 지문이 한 사람의 지문인가를 판단하는 것을 말한다.

② 지문을 대조 감정할 때는 우선 대조하고자 하는 2개 지문의 융선 흐름이 같은 방향인지를 확인한 뒤 점, 단선, 접합선, 도형선, 분기선, 호상선, 조상선 등의 특징을 지적해서 동일한가를 대조감정해야 한다.

③ **지문의 대조순서** : 지문의 종류 ⇨ 지문의 중심부분의 형태 관찰 ⇨ 지문의 특징점 발견 ⇨ 융선 수 일치여부 확인 순으로 지문을 대조한다.
   ■ 표준선을 기준으로 지문을 비교·대조한다. (×)

④ 지문의 동일성 여부를 판단하기 위해서는 지문의 특징점이 **12개 이상** 일치되어야 동일 지문으로 판단된다.

⑤ 컴퓨터 조회 시 지문가치 다음에 10개의 숫자가 기록되어 있는데 앞의 5개 번호는 좌수의 분류번호이고, 다음 5개의 번호는 우수의 분류번호이다. 주민등록증 뒷면에 날인된 지문은 해당자의 우수무지 지문이므로 10개의 번호 중 **맨 끝의 번호**가 주민등록증에 날인된 지문의 분류번호이다.
   ■ 지문번호 10개 중 맨 앞의 번호가 주민등록증에 날인된 지문의 분류번호이다. (×)
   ■ 지문조회를 통해 지문번호가 12345-67890으로 나왔을 경우, 주민등록증 뒷면에 날인된 지문의 지문가치번호는 5번이다. (×)

제3절 족흔적 감식

1 족흔적의 의의

(1) 개념

족흔적이란 범인이 범죄현장에 남겨 놓은 보행흔적(족적(足跡))은 물론 범행에 사용했던 차량의 타이어흔적과 도구흔적 및 다른 물건에 의해 인상된 모든 흔적까지 광범위하게 포함시켜 말한다.

- 지문·필적·인영·탄흔·혈흔은 다른 감정방법이 있으므로 족흔적에 해당하지 않는다. (○)
- **치흔**은 국립과학수사연구소 법의학과 **경조직연구실**로 감정을 의뢰하나, **족적, 타이어흔적**, 지문은 **경찰청** 과학수사과로 감정을 의뢰한다.

(2) 중요성

족흔적은 그 형상, 마멸, 파손 등의 특징이 각각 상이하기 때문에, 범죄수사자료 및 피의자의 범행 입증자료로서 범죄수사상 매우 중요하다. 족흔적 채취는 애로가 많은 작업이라고 해서 소홀히 하기 쉬우나, 족흔적 채취에 좀 더 관심을 갖고 세심한 주의와 정성을 기울이면 큰 효과를 얻을 수 있다.

- Locard의 원리 - 모든 사물은 접촉할 때 반드시 흔적을 남긴다는 법칙

2 족흔적의 종류

(1) 인상물체에 의한 분류

족적	맨발흔, 양말흔, 구두흔, 각종 신발흔 등과 보행흔적
타이어 흔적	자동차, 자전거, 오토바이, 리어카 등의 타이어흔적
도구흔	배척(빠루), 드라이버, 펜치, 칼, 기타 공구에 의해서 인상된 흔적
기타흔적	치아흔, 장갑흔, 찰과흔, 물건의 절단면에서 생기는 줄흔, 소나 말의 족흔 등

(2) 인상상태에 의한 분류

입체족흔적	모래, 흙, 연토, 눈(雪)위 등에 요철이 그대로 나타나는 입체상태의 족흔적
평면족흔적	① 종이, 헝겊, 나무판, 비닐장판, 마룻바닥 등의 평면상태로 인상된 족흔적을 말한다. ② 족흔적은 육안 식별가능 여부에 따라서 지문과 같이 현재족흔적과 잠재족흔적으로 분류하기도 한다.

3 족흔적의 이용

(1) 서설

족흔적은 재판상의 증거주의에 따라 물증확보의 필요성에 의하여 채취하며, 현장족흔적은 그 인상상태·인상개소 등을 관찰하고 족흔적을 채취하여 수배·조회·대조·감정 등을 함으로써 수사활동에 귀중한 자료로서 이용할 수 있다.

(2) 족적

① 족적을 이용하면 범인의 수, 범행경로, 범행위장 여부, 범행상황, 도주경로 등을 추정할 수 있고 범인의 체격, 직업 등의 추정도 가능하다.
- 족흔적으로 바로 범인을 특정할 수 있다. (×)

② 보각이 크다면 레슬링·유도종목의 운동선수로 추정할 수 있고, 선원이나 열차 등의 승무원은 보폭이 넓은 것이 특징이고, 군인이나 철도보선원 등은 보장이 긴 것이 특징이다.

③ 발 한쪽만 깊이 파이거나 보폭이 서로 다를 때에는 절름발이로 추정할 수 있다. 페달흔이 있다면 자전거나 오토바이를 많이 이용하는 자로 추정할 수 있다. 신발 밑바닥 가운데 부분의 마멸이 심한 경우에는 빌딩건설 공사장 인부나 간판공 등으로 추정할 수 있다.

(3) 차량흔

차량은 차종, 형식, 연식에 따라 접지폭, 모양 등이 각각 상이하므로 범행에 사용된 차량을 추정할 수 있고, 용의자의 차량과 대조함으로써 증거자료로 활용할 수 있다.
- 운전자의 운전상태 (×), 음주운전 여부 (×)

(4) 도구흔

① 드라이버, 배척(빠루) 등의 도구를 사용하여 침입 또는 물색한 경우에 창문틀, 금고, 출입문, 가구 등에 인상된 흔적에서 그 고유 특징을 발견할 수 있다.

② 현장에 유류된 도구흔은 그 인상상태를 관찰하거나 피의자의 도구와 비교 대조함으로써 증거 자료로 활용될 수 있다.

▶▶ 족윤적 검색시스템(FTIS)

> 신발, 타이어 자료를 미리 확보하여 DB로 구축해 두었다가 범죄현장에서 채취한 신발, 타이어 자국과 동일여부, 종류 등의 감정결과를 제공함으로써 수사 및 증거자료로 활용하는 시스템(경찰청 및 14개 지방경찰청에 설치)

- 범죄현장의 족적을 토대로 신발 종류를 확인할 수 있는 검색 시스템을 족윤적검색시스템 (FTIS)이라고 한다. (○)
- 채취한 족적문양을 토대로 AFIS 검색을 하면 신발의 종류를 알 수 있다. (×)

4 족흔적의 검색 및 보존방법

(1) 검색 시 착안점
① 범행현장의 출입구, 물색장소, 도주로의 바깥, 집 주의 등에 대하여 광범위한 검색을 실시하고, 자동차 사용사범에 대해서는 타이어흔, 마찰흔 등의 발견에 주의하여야 한다.
② 금고, 창틀, 출입문 가구 등에서 공구흔·장갑흔을 검색하고 족흔적이 보이지 않더라도 사광선 등을 이용하여 발견에 노력하여야 한다.

(2) 검색 및 발견방법

1) 사광선 이용
① 족흔적을 형성하는 토사·먼지 등의 미세한 융기부분에 사방향으로부터 광선을 조사하여 생기는 그림자에 의해 족흔적을 발견할 수 있다.
② 자연광선을 이용하거나 각종 투과기, 광도가 강한 회중전등, 인공광선을 이용하기도 한다.

2) 정전기 발생장치의 이용
① 방바닥, 마룻바닥, 방석, 의자커버, 이불 위, 융단(땅바닥 ×) 등에 인상된 잠재족적을 정전기 발생장치를 이용하여 검색하는 것이다.
② 정전기를 일으킬 수 있으면 되고 반드시 정전기 발생장치를 이용할 필요는 없다.

3) 족흔적의 보존 및 증명력 확보방법
① 족흔적이 발견된 경우에 족흔적의 위치를 표시함과 동시에 훼손되지 않도록 단단히 덮개를 덮고 주의표지(표찰)을 놓는 등 보존조치를 취하여야 한다.
② 족흔적의 보존 및 증명력 확보 방법은 지문의 경우와 동일하다.
　　■ 용의자의 신발이 범죄현장에서 발견된다면 가장 먼저 신발흔적에 신발을 놓아 비교한다. (×)
③ 족흔적이 검출되었을 경우에는 필히 채취에 앞서 입회인의 확인이 필요하다.
④ 족흔적 검출 시 검출한 물체의 존재 장소를 명확하게 하기 위하여 채취에 앞서 사진촬영을 하여야 한다.
⑤ 채취한 족·윤흔적은 경찰청 및 지방경찰청 과학수사계에 감정의뢰한다.

5 족흔적의 채취방법

(1) 사진 촬영법
① 입체흔, 평면흔 등 모든 흔적은 우선 사진촬영 후 채취를 행하는 것이 원칙이다.
② 족흔적 사진촬영은 미세한 부분(특징) 까지 사진에 나타나도록 촬영하여야 하며, 경우에 따라서는 사진만으로 감정할 수도 있으므로 사관성 등을 이용하여 족적이나 타이

어흔이 선명하게 포착될 수 있도록 하고 반드시 (줄)자를 놓고 가까이서 정밀히 촬영하여야 한다.

③ 사진촬영시 일반적인 사진촬영 외에 자외선 또는 적외선을 이용한 촬영을 하기도 한다.

(2) 석고채취법

모래, 진흙, 연토, 눈 등에 입체상태로 인상된 **입체족흔적**을 채취할 때 쓰이는 방법이다.

1) 석고채취법 순서

① 석고채취 '틀'을 족적 주위에 놓는다.
② 석고 1kg과 물 약 900cc를 혼합하여 막대기로 젓는다.
③ 석고액을 주입구를 통해서 주입한다.
④ 보강재를 석고액 중간에 넣고 남은 석고액을 주입한다.
⑤ 석고배면에 사건명, 채취장소, 연월일시 등을 기록한다.
⑥ 떼어낸 후 건조시킨다.
⑦ 석고에 묻은 흙을 제거한다.

2) 유의사항

① 석고액은 물 약 900cc에 석고 1kg을 조금씩 넣으면서 제조한다.
  ■ 석고법에 의해 족흔적을 채취할 때 석고를 먼저 넣고 그 위에 물을 천천히 혼합한다. (×)
② 교반도중에 석고나 물을 넣지 않는다.
③ 경사진 곳의 족흔적에 대해서는 주입구를 낮은 곳에 형성하여 석고액이 **낮은 곳에서 높은 곳으로** 서서히 주입되도록 한다.
  ■ 경사진 곳에서는 주입구를 높은 곳에 만들어 놓고 석고액이 높은 곳에서 낮은 곳으로 서서히 유입되도록 한다. (×)
④ 석고와 물을 혼합할 경우 물의 수량이 적을수록 경화가 빠르고 석고액 유입이 곤란할 수 있으며 족흔적의 미세한 특징을 얻는 데 실패할 수 있다.
⑤ 교반시간이 길면 길수록 경화가 빨리 된다.
⑥ 수온이 저온일수록 경화가 더디고 수온이 높을수록 경화가 빠르다.
⑦ 설중 족적은 미리 알루미늄 분말 또는 탈콤분말을 엷고 균일하게 살포한 후 석고액의 경화시간을 촉진하고 그 경화시 생기는 반응열로 설중 족적이 녹으므로 식염, 황산암모늄, 초산암모늄, 에테르, 초산가리 등을 석고액의 2% 정도 혼입한 설수로 석고액을 만들어 채취한다.
⑧ 수중 족적은 석고말을 그냥 위에서부터 침전 시켜 채취한다. 이것은 푸석푸석해서 깨어지기 쉬우므로 1시간 후 석채형을 꺼내고 다시 2~3시간 건조한다. 다만, 이것은 물에 흙의 앙금이 가라앉았을 때만 가능하고 소금을 첨가해야 한다. 족적의 주위에 틀을 만들어 놓는다.
  ■ 수중흔적 채취시에는 난로연통을 절단하여 건조분말을 투입할 수 있다. (○)
  ■ 수중에 있거나 눈 위에 있는 족흔적을 채취할 수 없다. (×)

(3) 젤라틴 전사법

① 나무판, 유리, 비닐장판, 마루바닥, 아스팔트, 콘크리트상의 **평면족흔적을 채취할 때** 쓰이는 방법이다. 족적용 전사판을 대지에서 벗겨 접착면을 전사하고자 하는 족적을 향하여 한쪽 부분을 고정하고 고정한 쪽으로부터 순차로 강하게 눌러 붙여 기포가 들어가지 않도록 주의한다.

② 젤라틴 전사법에 있어서 현재 족흔적은 있는 그대로 전사하면 되나, 땀이나 기름 등에 의해 인상된 족흔적은 현장지문의 고체채취법과 같이 분말을 도포하여 현출시킨 후 젤라틴 전사법으로 전사한다.

(4) 실리콘러버법

실리콘에 촉매(경화제)를 혼합하여 이것을 흔적면에 가볍게 발라주어 채형하는 방법으로 **도구흔을 채취할 때** 사용한다. 실리콘은 족흔, 타이어흔, 먼지흔, 도구흔, 지문 등의 채형에 사용되어지거나, 가죽이나 직물 같은 **천연적인 형태에 있는 흔적의 경우 천연적인 표면의 미세한 부분에 숨겨져 있어서 채취하기에 부적당하다.**

■ 실리콘러버는 가죽 같은 천연적 형태의 표면에 있는 흔적채취에 적합하다. (×)

(5) 정전기 족흔적 채취법

① 담요, 방석, 의자커버 등 섬유류 위에 먼지류로 인해 인상된 족흔적을 채취할 때에는 족흔적 채취기를 이용한다. 이 기구는 두루마리 채취판(합성수지제)을 잠재족적이 인상된 물체 위에 엎어서 펴놓은 후 전기를 이용하여 채취판에 정전기를 발생시켜 정전기의 흡인력에 의해 흔적이 채취판에 부착되도록 하는 것이다.

② 정전기 족흔적 채취기가 없을 경우에는 셀룰로이드판, 젤라틴의 대지, 비닐시트 등의 합성수지판을 나사, 헝겊, 털 등으로 여러 번 마찰시켜 정전기를 발생시킨 다음 그 합성수지판을 족흔적의 인상면에 밀착시키면 족흔적이 흡착된다.

■ 정전기 채취기가 없으면 채취하기 곤란하다. (×)

(6) 진공압흔 채취법

범죄현상 바닥에서 수집한 종이류 외에 족흔적 또는 사건관련 압필흔을 진공상태에서 정전기 현상을 이용해서 채취하는 방법이다.

(7) 희미한 혈흔족적 검출법

눈으로 잘 볼 수 없는 희미한 혈흔족적, 혈흔지문 등을 각종 시약을 사용하여 감청색, 감록색으로 선명하게 발색시켜 채취하기 위하여 ① **벤지딘 시약**, ② **무색 마라카이트 그린 시약**, ③ **오르쏘탈리딘용액**, ④ **페놀프타렌 용액**을 사용한다.

■ 젤라틴 전사법 (×)

(8) 희미한 흙먼지흔 족적 검출법

① 토사·진흙 등의 **철분**이 함유되어 있는 물질에 종이, 헝겊, 나무판 또는 장판 위에 희미하게 유류된 족흔적을 **치오시안산염 용액**에 의해 적갈색으로 발색시켜 채취하는 방법이다.
② 치오시안산염 등의 시약은 순도가 높은 것(99%)을 사용한다.
③ 치오시안산염이 철분과 아주 예민한 반응을 일으키기 때문에 철분이 섞인 기구를 사용하면 시약이 변질되기 때문에 유리제 또는 폴리에틸렌제를 사용한다.
▣ 치오시안산 용액을 철제용기에 담아 보관한다.(×)

6 대조자료의 작성 및 감정물 포장

(1) 대조자료의 작성

① 현장에서 채취한 감정자료가 입체흔이면 대조자료도 입체흔을 작성하고, 현장자료가 평면흔이면 대조자료도 지문잉크 등으로 백지에 평면적으로 작성한다.
② 현장에서 맨발흔을 채취하였을 경우에 용의자의 맨발 족적 작성은 보통 ㉠ 서 있는 상태, ㉡ 걸어가고 있는 상태, ㉢ 발바닥 안쪽에 힘을 준 상태, 그리고 ㉣ 발바닥 바깥쪽에 힘을 준 상태의 **최소한 네 가지 이상의 여러 상태**에서 대조자료를 작성하여야 한다.
▣ 현장에서 맨발흔을 채취하였을 경우 용의자가 보통 서있는 자세에서 대조자료를 작성한다.(×)

(2) 감정물 포장

① 감정물을 우송할 때에는 자료가 파손되지 않도록 포장을 잘하여야 한다.
② 감정자료가 석고인 경우는 두터운 스펀지, 스티로폴 또는 솜 등으로 양면을 잘 싸서 포장하여야 한다.
③ 의류, 종이류 등에 유류된 족흔적 자료(특히 흙먼지흔인 경우)는 흔적 문양이 멸실되지 않도록 포장하여야 한다.

제4절 법의학

1 시체의 검시

(1) 개념

① 검시(檢視)란 죽음에 대한 **법률적인 판단**을 위해 수사기관이 범죄혐의의 유무를 조사하기 위하여 시체 및 그 주변현장을 조사하는 것을 말한다.
② 검시(檢屍)는 죽음에 대한 **의학적 판단**으로 수사기관을 보조하여 **의사**가 행하는 것으로서 검시(檢視)에 포함되는 개념이다.

> 의사의 검시

검안(檢案)	사망을 확인하기 위하여 시행되는 사체검사로서 **시체를 손괴함이 없이** 행하는 것 ■ 검안은 시체를 손괴하면서 시행하는 것을 원칙으로 한다. (×)
부검(剖檢)	사체를 해부하여 내부기관 및 조직의 절개·채취가 가능한 시체검사로서 그 목적에 따라 병리·행정·사법으로 나눌 수 있다. • 병리해부 : **질병에 의해 사망한 경우** 그 사안을 확실히 하기 위해 시행되는 부검을 말한다. ■ 병리해부는 교통사고 등 질병이외의 요인에 의해 사망한 경우 그 사망을 확실히 하기 위해 시행되는 부검을 말한다. (×) • 행정해부 : 범죄와 관련되지 않은 것이 확실한 변사체 특히 행려사망, 전염병, 재해사고로 인한 사망의 경우 그 사인을 알아내기 위하여 실시한다. • 사법해부 : 범죄와 관련이 있거나 관련이 있을 수 있는 변사체에 대한 부검이다. 법의(法醫)부검이 이에 해당하며 검시의 대상이다.

(2) 사망

1) 사망의 원인

직접사인	① 직접 죽음에 이르게 한 질병 또는 손상을 말한다. ◉ 지주막하출혈로 사망 ② 죽음에 수반하는 현상 또는 증후, 즉 심장마비, 호흡마비 또는 심박동정지, 호흡정지는 해당하지 않는다.
중간선행사인	① 직접사인과 원인적 또는 병리학적으로 관련이 있는 것을 말한다. ② 시간적으로 앞서 야기된 질병, 합병증 또는 외인 등이 이에 해당한다. ◉ 평소 뇌동맥경화가 있어 치료받아 왔으나
선행원사인	① 직접사인 또는 중간선행사인을 야기시킨 병인 또는 외인을 말한다. ② 반드시 직접사인 또는 중간성행사인과 일련의 관계가 성립되어야 한다. ◉ 두부를 강타 당하여

< 과학수사론 Theory of Scientific Investigation >

2) 사망의 종류

변사	내인사	질병 등 신체 내적 원인에 의해 사망한 것이 명확한 죽음(자연사)
	외인사	신체 외적 원인에 의해 사망한 것 예 자살, 타살, 사고사, 재해사로 구분
	사인불명사	사인(死因)이 명확하게 밝혀지지 않은 사망

3) 사망증명 문서

사망진단서	사망진단서는 의사가 사망 48시간 전에 사체가 된 사람을 진료한 사실이 있고 사인(死因)을 명백하게 설명할 수 있는 경우에 한하여 발부되기 때문에, 모든 사체에 대하여 사망진단서를 발부할 수 있는 것은 아니다. 사망진단서의 사인(死因)란에는 반드시 세계 보건기구(WHO)가 규정한 병명을 기록하여야 한다.
시체검안서	시체검안서는 사망진단서를 발부할 수 없는 조건 하에서 죽음을 증명하기 위한 의사의 문서이다. ▣ 시체검안서는 사법경찰관이 작성한다. (×)
사산증명서	사산증명서는 사산에 입회한 의사 또는 조산원에 의해 발생되며 산전 관리 또는 진료 중이던 임부가 임신 4개월 이상 된 태아를 사산하였을 때에 발부하는 문서이다.
사태증명서	사태증명서는 산전관리 또는 진료한 사실이 없는 임부가 사산한 경우 태아의 죽음을 증명하는 문서이다.

2 시체의 현상

(1) 개념

사람이 죽으면 생전의 생리작용이 사라지고 시체에만 나타나는 변화 혹은 현상이 나타나는데 이를 「시체현상」이라 하며, 시체현상은 초기에 나타나는 현상과 후기에 나타나는 현상으로 나누어 볼 수 있다.

초기현상	후기현상
• 체온하강 • 시체건조 • 각막혼탁 • 시체얼룩 • 시체굳음	• 자가용해(△) • 부패 • 미라화 • 시체밀랍 • 백골화

▣ 시체의 변화를 초기와 후기로 나눌 때 시체밀랍은 시체의 초기현상으로 보는 것이 일반적이다. (×)

> **활력반응(생활반응, Vital Reaction)**

- 생전(生前)에 신체의 내부 또는 외부로부터 가해진 자극에 대해서 생체로서 반응하여 생긴 현상을 말한다.
- 활력반응(생활반응)의 예
  - 익사체를 부검한 결과 각 장기 내에 **플랑크톤**이 분포되어 있다.
  - 구타당한 머리부위에서 **피부밑출혈**이 발견되었다.
  - 동맥이 절단되어 혈액이 체외로 유출되어 빈혈이 일어났다
    - 굳은피(O), 딱지의 형성(O), 상처구멍의 벌어짐 및 상처가장자리의 부풀어오름(O)
    - 사망한 시체가 **투사형 자세**를 취하고 있다면 화재로 인하여 사망한 것이다. (×)
- 사망 이후에도 사망 전에 가하여진 외인은 소실되지 않고 반드시 남아 있다.
  - 사후에 가하여진 외인자에 대하여서도 반드시 그 반응이 나타난다. (×)
  - 손상에서 활력반응을 본다면 외인(外因)이 죽은 후에 가하여진 것으로 볼 수 있다. (×)
  - 시체얼룩은 활력반응에 속한다. (×)
- 생전에 외인이 가하여졌다 하더라도 사전기(死前期)가 없거나 극히 짧았을 때 또는 생명활동이 이미 극도로 저하되었을 때에는 활력반응이 매우 경미하거나 없을 수도 있다.
  - 손상에 있어서 사후에 외인이 가해진 경우에는 반드시 활력반응이 나타나지 않으므로 활력반응의 유무는 그 손상이 생전에 생긴 것인지, 사후에 생긴 것인지 구별하는 중요한 기준이 된다. (×)

(2) 시체의 초기현상

1) 체온의 하강

① 사람이 사망하게 되면 시체의 체온은 주위의 대기온도와 같아지거나, 수분이 증발하면서 주위의 기온보다 더 낮아진다.

② 체온하강은 습도가 낮을수록, 통풍이 좋을수록 수분이 빨리 증발되므로 하강의 속도는 빠르다.

③ 수중이 공중보다 체온의 하강속도가 빠르고, 고인물보다는 흐르는 물이 체온의 하강속도가 빠르다.

④ 체온하강은 어린이나 노인은 청장년보다, 남자는 여자보다, 마른 사람은 비만한 사람보다, 시체의 체내온도가 빨리 하강한다.
  - 청장년은 어린이나 노인보다, 여자는 남자보다, 비만한 사람은 마른 사람보다 냉각속도가 빠르다. (×)

⑤ 결핵, 암 등의 만성소모성 질환으로 사망한 경우에는 건강한 사람에 비하여 냉각속도가 빠르다.

⑥ 시체의 냉각온도는 대체적으로 사후 10시간 이내에는 시간당 1도씩, 그 후에는 매시간당 약 0.5도~0.25도 정도씩 하강한다.

⑦ 시체의 체온은 사후 16~17시간이내에 항문에 검온기를 삽입하여 곧창자(직장)내 온도를 측정하면 사후경과시간을 추정할 수 있다. (모리츠 공식)
  - 시체의 체온이 주위의 온도와 같아지더라도 곧창자 온도에 의한 사망경과시간 추정은 가능하다. (×)
  - 초기 사망시간 측정에는 시체굳음에 의한 방법이 시체체온하강에 의한 방법보다 더 정확하다. (×)

> 모리츠 공식

$$\text{사후시간경과} = \frac{37℃ - \text{곧창자온도}}{0.83} \times \text{상수 (겨울 0.7, 여름 1.4, 봄·가을 1.0)}$$

⑧ 헨스계표는 변사자의 곧창자온도를 이용해 사후경과시간을 추정하기 위한 것이다. 이 표를 사용하기 위해서는 주변온도, **변사자 체중**, 체중보정을 위한 각종변수(변사자의 착의상태, 공기흐름 유무, 물에 젖었는지 유무) 등을 정확하게 파악하여야 한다. 이 헨스계표는 주변온도가 23℃ **초과**일 때 사용하는 것과 23℃ 이하일 때 사용하는 것 두 종류가 있다.
- 모리츠 공식은 헨스계표보다 곧창자온도 하강에 영향을 미치는 여러 변수를 더 상세히 반영한다. (×)
- 헨스계표에 의한 사후경과시간 추정 시 변사자의 체중은 알 필요가 없다. (×)

2) 시체건조

사람이 사망하게 되면 피부에 대한 수분보충이 정지되나 수분은 계속해서 증발하므로 몸의 표면은 습윤성을 잃고 건조해진다. 특히, 표피에 외상이 있었던 부위는 건조가 빠르다.

3) 각막의 혼탁

사람이 사망하게 되면 각막은 사후 **12시간**을 전후하여 **흐려져서**, 24시간이 되면 **현저하게 흐려지고**, 48시간이 지나면 **불투명해진다**.
- 각막은 사후 36시간이 지나면 일시 맑아진다. (×)
- 각막은 사후 36시간이 되면 불투명하게 된다. (×)

4) 시체얼룩

① 사람이 사망하게 되면, 적혈구의 자체중량에 의한 혈액침전(중력현상)으로 인하여 **시체 하부의 피부가 암적갈색으로 변화**하는데 이러한 현상을 시체얼룩(시반)이라 한다.

> 시체얼룩의 색깔

암적갈색	정상시체(목맴, 끈졸림시체)
선홍색	익사, 저체온사, 일산화탄소 중독, 청산가리 중독
황(암)갈색	염소산칼륨 중독, 아질산소다 중독
녹갈색	황화수소가스 중독

- 익사 또는 저체온사와 같이 차가운 곳에서 사망하거나, 일산화탄소나 청산가리 중독으로 사망한 때는 시체얼룩이 황갈색을 띤다. (×)
- 일산화탄소와 청산가리, 염소산칼륨 중독으로 사망한 때는 선홍색을 띤다. (×)

② 시체얼룩은 중력현상과 관련된 것으로 **시체의 아래부위에 형성**되고, 시체얼룩의 발현부위로 사망 시의 체위가 추정되기도 한다.

③ 시체얼룩은 사후 **30분~1시간** 경과 후부터 나타나기 시작하고, 사후 2~3시간 후에 현저해진다.

④ 사후 4~5시간 후에는 이동성 시체얼룩이 형성되어 이때에는 시체의 위치를 바꾸어 놓으면 새로이 아래쪽으로 높여진 부위로 이동하고, 최초 출현된 곳은 소멸되거나 그 색조가 엷어진다(이동성 시체얼룩).

⑤ 시체얼룩은 사후 12시간(또는 10시간) 후에는 **침윤성** 시체얼룩이 형성된다. 이때 시체의 위치를 바꾸어 놓더라도 적혈구가 조직 내로 스며들어 지압을 가해도 이미 형성된 시체얼룩은 사라지지 않는다.

  ■ 사후 7~10시간 후에 체위를 변경하면 시체 양쪽에서 시체얼룩이 형성된다. (○)

⑥ 주위온도가 높을수록 시체얼룩은 **빠르게** 나타나고, 급사나 질식사에서는 진하고 빠르게 형성된다.

▶ 시체얼룩과 피부밑출혈의 비교

구별기준	시체얼룩(시반)	피부밑출혈(피하출혈)
발생시기	사후현상	생전현상
발현부위	시체의 하반부	일정하지 않음
압박부	보지 못함	관계없음
퇴색 및 전위	침윤성 시체얼룩(사후10~12시간)전에는 가능	보지못함
절개	굳은피가 없고, 흐르는 피(유동혈)로서 쉽게 닦임	굳은피가 있어서 닦이지 않음
조직학적 검사	(모세혈관이 파괴되지 않으므로) 혈구 및 파괴물을 보지 못함	혈구 및 파괴물을 봄

  ■ 피부밑출혈은 1~2일 후에는 암홍색이나 갈색, 5~6일 후에는 황록색, 7~8일 후에는 황색으로 바뀌었다가 약 2주 후에 소멸한다. (○)
  ■ 점출혈은 시체얼룩과 피부밑출혈을 구별하는 데 관련이 없다. (○)
  ■ 피부밑출혈은 1-2달이 경과해도 소멸하지 않는다. (×)

5) **시체굳음**
  ① 사람이 사망하게 되면 시체는 일시 이완되었다가 시간이 경과 하면서 점차 굳어진다.
  ② 시체는 사후 2~3시간이 경과하면 **턱관절**에서부터 굳어지기 시작하여 사후 12시간 정도면 전신이 굳어진다. 15시간 경과 후 전신 경직이 최고조에 달하여 30시간까지 유지되고 나서 30시간이후부터 굳음이 풀어지기 시작한다.

  ▶ 시체굳음의 순서(Nysten 법칙)

턱관절 ⇨ 어깨 ⇨ 다리 · 팔 ⇨ 발가락 · 손가락

  ③ **급사체**는 시체 굳음의 지속시간이 **길다**.
  ④ 근육이 발달한 사람일수록 시체굳음을 강하다.
  ⑤ 노인 · 소아 · 쇠약자는 시체굳음이 약하게 나타나고 속히 와해된다.

(3) 시체의 후기현상

1) **자가용해**
   ① 부패균의 작용인 부패와는 달리 자가용해는 세균이 작용하는 것이 아니라, 체내에 있는 각종 분해효소가 장기나 뇌 등에 작용하여 단백질, 지방질, 탄수화물 등이 분해되고 더 나아가 장기 등의 조직이 분해되는 것을 말한다.
   ② 자가용해를 시체의 초기현상으로 보는 견해도 있다.

2) **부패**
   ① 부패는 부패균의 작용에 의해서 일어나는 질소화합물의 분해를 말한다.(구더기 ×)
   ② 부패시체에서는 황화수소와 암모니아가스 등 부패가스로 말미암아 특유한 냄새를 발산하고, 사후 3~5일 경과하면 얼굴의 안구, 눈꺼풀, 입술 등이 부풀어 올라 사천왕현상으로 보이게 된다.
   ③ 부패의 3대요건
      ㉠ 공기의 유통이 좋을수록 부패속도는 빠르다.
         ■ 공기의 유통이 좋을수록 부패속도가 느리다.(×)
      ㉡ 온도는 20~30℃ 정도가 좋으며, 온도가 더 이상 올라가면 건조현상이 먼저 생긴다.
         ■ 온도가 높으면 높을수록 부패속도가 빨라진다.(×)
      ㉢ 습도는 60~66%일 때 최적이다.
   ④ Casper의 부패법칙 ⇨ 공중 : 수중 : 지중 = 1주 : 2주 : 8주
      ■ 물속의 시체는 공기 속에 노출된 시체보다 부패속도가 빠르다.(×)
      ■ 부패는 흙 속에서 가장 빠르고, 공기 속 또는 물속에서는 느리다.(×)
      ■ 물 : 공기 : 흙 속에서 시체의 부패비율은 1 : 2 : 8이 된다.(×)

3) **미라화**
   고온·건조한 상황에서 시체의 건조가 부패·분해보다 빠를 때 생기는 현상을 말한다.

4) **시체밀랍**
   ① 주로 수분이 풍부한 수중이나 습한 흙 속에 있는 시체에서 잘 나타나며 시체의 중성지방이 가수분해되어 고형의 지방산 등을 형성하여 발생한다.
   ② 비정형적 부패형태이다.

5) **백골화**
   소아사체는 사후 4~5년 후, 성인사체는 7~10년 후 완전 백골화 된다.

사후경과시간 추정

1 시체의 변화를 통한 추정

시체변화	추정시간
시체얼룩은 약간 나타나 있지만 시체굳음이 아직 나타나지 않았을 경우	1시간 내외
시체얼룩은 경미하고 시체굳음이 턱관절이나 경추관절에만 존재할 때	2~3시간 내외
시체얼룩이 전위되고 시체굳음이 팔관절에 나타나며, 인공적으로 시체굳음을 소실시키면 재굳음이 일어남	4~5시간 내외
시체얼룩 및 시체굳음이 현저하고 손가락 관절에도 굳음이 나타나며(전신에 미침), 각막이 안개처럼 혼탁되었을 때	10~12시간 내외
각막은 혼탁되어 있으나 동공은 투명, 복벽에 부패성 변색이 나타나 입, 코, 눈 등에 파리 및 구더기가 생겼을 때	사후 24시간 내외
턱관절의 굳음이 풀어지기 시작할 때	사후 30시간 내외
팔의 굳음이 풀어지기 시작할 때	사후 36시간 내외
각막이 불투명하고, 다리의 굳음이 풀어지기 시작할 때	사후 48시간 내외
배꼽 주위 및 사타구니의 피부가 부패로 변색되고 여러 곳에 부패(수)포가 생김	사후 2~3일 내외
구더기가 번데기로 되었을 때	8일 내외
번데기가 선탈하였을 때	3주 내외
백골화 또는 시체밀랍화되었을 때	수개월 이상

2 위장관 내용물을 통한 추정

위장관 내용물의 상태	추정시간
위 내에 음식물이 충만되어 있고 전혀 소화되지 않은 상태	식사직후 사망
위 및 십이지장에 음식물이 남아 있고 소화가 어느 정도 진행된 상태	식후 약 2~4시간 후 사망
위는 비어있고 십이지장에서의 식물의 고형잔사가 남아 있는 상태	식후 약 4~5시간 후 사망
위 및 십이지장이 모두 비어 있는 상태	식후 약 6시간 이상

- 위 및 샘창자에 음식물이 남아 있고 소화가 어느 정도 진행된 상태는 식후 3시간 이후 사망으로 추정할 수 있다. (○)
- 위 및 샘창자가 모두 비어있는 상태라면 식후 10시간 이후 사망한 것으로 추정할 수 있다. (×)

3 사체의 부패현상에 의한 추정

하절기	부패현상	동절기
약 24시간	하복부가 퍼렇게 변하기 시작한다	약 72시간
2일	흉복부가 청변(靑變)이 심하다	7~8일
3일	부패가스에 의한 팽만(익사시의 떠오르는 시간)	30~60일
10일 이내	익사체 수족의 피부가 부풀어 이탈한다	15~20일
10~30일	지상에 있어서 백골화	60~90일
60일 이상	미이라화	90일 이상

- 위 내용물의 소화상태, 체온하강의 정도, 부패의 정도 등으로 사망경과시간을 추정할 수 있다. (○)
- 시체의 부패가 진행함에 따른 피부의 색깔 및 이탈의 정도, 부패가스로 인한 팽만의 정도, 미이라화 등을 통해 사후경과시간을 추정한다. (○)

< 과학수사론 Theory of Scientific Investigation >

Chapter 과학수사

> **법의 곤충학**

> **1 의의**
> 법의 곤충학이란 사람이 사망 후 곤충들이 시신에 모여들기 때문에 곤충에 대해 주로 분류학과 생태학 그리고 발달생리학적인 지식을 종합하여 사후 경과시간을 추정하여 적용하는 학문이다. 야산에서 신원이 확인되지 않은 변사체가 발견되었는데 거인양외관과 부패변색이 있는 상태일 때 사후경과시간을 추정하는 방법으로 가장 적당하다.
> ▣ 완전히 밀폐된 공간에 있던 시체의 사망시간 추정(×)

> **2 판단요인**
> • 곤충의 수명과 성장 속도 등에 영향을 미치는 가장 중요한 요인은 온도이다. 온도는 구더기의 성장 속도에 영향을 미칠 뿐만 아니라, 시체를 먹는 구더기의 종도 제한하는 등 곤충은 기온의 변화에 많은 영향을 미친다.
>   ▣ 온도를 구하는 방법으로는 시신이 발견된 현장에 자기온습도계를 놓고 1주일 정도 온도를 측정하고 가장 가까운 기상관측소에서 제공한 온도를 이용 회귀분석을 통해 현장온도를 구하는 방법이 권장되고 있다.
> • 마약이나 살충제 등은 곤충의 성장속도에 영향을 주며 장마 등 우천 시에는 파리 등의 활동이 극히 둔화되어 부화를 하지 않을 수 있고, 완전히 밀폐된 곳은 곤충이 날아올 수가 없어 법의 곤충학에 의한 추정이 곤란하다.
> • 사후경과시간 판단의 장애요인으로는 장마, 마약남용으로 인한 사망, 살충제 음독자살등, 완전히 밀폐된 곳이 해당된다.
>   ▣ 시식성 곤충의 출현(×)

> **3 시체곤충의 종류와 특성**
> 부패과정에 따라 곤충의 천이유형이 다르며 그 예측이 가능하다.

> | | |
> |---|---|
> | 시식성 종군 | 시체를 직접 영양원으로 소비하는 종군으로 파리와 딱정벌레 등이 있다. |
> | 포식성 및 기생성 종군 | 시식성 종군의 수가 늘어나면 이 곤충들을 먹이로 하는 폭식성 및 기생성 종군이 나타난다. |
> | 잡식성 종군 | 원래 시체에서 영양원을 얻는 종류들은 아니지만, 일단 시체에 접근하면 시체 자체와 그에 서식하는 종들을 가리지 않고 영양원으로 이용하는 종류들을 말한다. |
> | 외인성 종군 | 시체를 그들의 서식환경으로 활용하는 종군을 말한다. |
> | 사고성 종군 | 사고로 떨어지거나 강한 바람에 날려온 경우처럼 전혀 시체와는 생태적 관계가 없는 종류이다. |

3 손상사 및 자·타살 구별

(1) 서설

① 손상을 의학적으로 설명하면 그 원인이 무엇이든 조직의 정상적 구조가 행태학적으로 파괴되는 것을 의미하나, 손상을 이와 같이 광범위 하게 정의하면 거의 모든 죽음이 손상사라고 볼 수 있으므로, 법의학에서는 "물리력에 의한 행태학적 파괴"만을 손상이라 하며 외상과 동의어로 쓰고 있다.
  ▣ 법의학에서 손상이란 그 원인이 무엇이든 조직의 정상적 구조가 형태학적으로 파괴되는 것을 말한다. (×)

② 손상을 성상물체에 따라 둔기, 예기, 총기, 폭발물손상 및 교통사고에 의한 손상으로 나눌 수 있다.
③ 사인과 직접적인 관계가 없는 경미한 손상이라도 수상상황(受像狀況)을 추정하는데 중요한 의미를 가질 때가 많으므로 어떠한 손상도 가볍게 여겨서는 안 된다.
- 사인과 관계없는 작고 경미한 손상에 대해서는 무시하고 사인과 직접적인 관계가 있는 손상에 대해서만 면밀히 관찰한다. (×)

④ 손상부위 확정에 있어서 표준점 선정 시 개체차가 크거나 쉽게 이동될 수 있는 부위는 정확성을 기하기 어려우므로 피해야 한다.
- 손상부위 확정에 있어 표준점 또는 표준선 선정은 개체차가 크거나 쉽게 이동할 수 있는 부위로 선정해야 한다. (×)

(2) 둔기에 의한 손상

야구방망이, 곤봉, 유리병 등과 같은 둔기에 의한 손상에는 신체 군데군데에 피부까짐, 타박상, 찢은 상처, 찢긴상처, 내장파열, 골절, 뇌진탕 등의 외부소견을 볼 수 있다.

피부까짐	① 피부의 맨 바깥층인 표피만 벗겨져 나가 진피가 노출되는 손상 ② 개갠상처(찰과상), 피부마찰까짐, 피부눌림까짐으로 나뉘고, 표피만 벗겨져 나가는 것이므로 출혈을 볼 수가 없다. ③ 조명이 좋지 못할 때, 습윤할 때, 수중시체 등에서는 피부까짐이 보이지 않을 수 있으므로 주의하여야 한다.
타박상 (피부밑출혈)	① 둔력에 의하여 피부는 파열되지 않고 피하조직이 좌멸되고 주로 모세혈관, 정맥 등이 파열되어 일어나는 출혈(피부밑출혈)을 말한다. ② 피부밑에 출혈이 된 것이므로 출혈을 볼 수가 없다. ③ 두줄출혈 : 회초리, 지팡이, 혁대, 대나무자, 알루미늄관 또는 채찍 등과 같이 어느 정도 폭이 있으면서 비교적 가벼운 물체로 가격하며 외력이 가하여진, 양측에서 보이는 출혈을 말한다. - 두줄출혈이란 회초리,지팡이,혁대 등으로 2번이상 신체에 가격하였을 때 그 부위에 발생하는 출혈을 말한다. (×)
찢은상처(좌창)	① 견고한 둔체가 인체에 작용하여 좌멸된 손상을 형성한 것으로 차량에 받치거나 구타당했을 때 생성된 손상을 말한다. ② 출혈을 볼 수 있다.
찢긴상처(열창)	① 둔체가 신체를 강타하여 그 부위의 피부가 극도로 긴장되어 탄력성의 한계를 넘어 피부가 외력방향에 따라 파열된 손상을 말한다. ② 멍과 피부까짐을 동반하고, 표피의 파열을 볼 수 있다. ③ 출혈을 볼 수 있다.

- 찢긴 상처에서는 피부의 파열을 볼 수 없고, 피부밑출혈은 표피가 찢어진 손상이다. (×)
- 찢긴상처는 예기에 의한 손상이다. (×)

(3) 예기에 의한 손상

벤상처	① 면도칼, 나이프, 도자기, 유리면의 파편 등의 날이 있는 흉기에 의해 조직의 연결이 끊어진 손상을 말한다. ② 상처구멍은 방추형이거나 직선상이다. ③ 상처각은 양측이 모두 예리하며, 상처바닥은 상처구멍의 길이에 비하여 대체로 짧다. ④ 벤상처는 피부까짐이나 잠식상을 보지 못하므로 찢긴상처와는 감별이 가능하다.
찔린상처	① 송곳같이 끝이 뾰족하고 가늘고 긴 흉기를 이용하여 신체부위를 찔러 생긴 손상을 말한다. ② 찔린상처의 특징은 피부에 형성된 상처가장자리의 길이보다 체내로 들어간 **상처벽의 길이가 길다는 것**이다. ③ 찔린입구의 주변에서 피부밑출혈이나 피부까짐이 관찰되면 이것은 전부 피부에 삽입되어 인기(刃器)의 손잡이나 손, 주먹 등에 의하여 발생한 것으로 볼 수 있다. ■ 찔린입구 주변에서 피부밑출혈이나 피부까짐을 보면 날이 일부만 자입(刺入)되었다는 것을 의미한다. (×)
큰칼상처	① 도끼, 낫, 식도 등 중량이 있고 날이 있는 흉기로 내려쳤을 때 생기는 손상으로서 **대부분 타살**이다. ■ 큰칼상처는 대부분 자살이다. (×) ② 날 폭이 넓고 무거울수록 찢긴 상처와 유사한 성상을 보인다. ■ 날 폭이 넓고 무거울수록 벤상처와 유사하다. (×)

■ 예기로 가해받을 때는 얼굴과 가슴부위를 보호하기 위하여 흉기를 잡거나 막기 때문에 팔쪽에 찔은 상처, 찢긴 상처 등의 형태가 나타난다. (×)

(4) 총기에 의한 손상

① **총알상처의 개념** : 총기에서 발사된 탄환에 의하여 생긴 손상을 총알상처라 하고, 탄환이 피부를 뚫고 들어간 부위를 **총알입구**, 뚫고 나온 부위를 **사출구**, 체내로 지나간 길을 **사창관**이라고 한다.

② **총알상처의 종류** : 총기에 의한 손상시체는 총알입구, 사출구, 사창관이 모두 있는 관통총창이 대부분이나, 발사각도 등에 따라 맹관총창, 반도총창, 회선총창이 있을 수 있다.

종류	구체적 내용
관통총창	총알입구, 사출구, 사창관이 모두 있는 경우
맹관총창	총알입구와 사창관만 있고 탄환이 체내에 있을 경우
찰과총창	탄두가 체표만 찰과하였을 경우
반도총창	탄환의 속도가 떨어져 **피부를 뚫지 못하고** 피부까짐이나 피부밑출혈만 형성하였을 경우
회선총창	탄환이 골격에 맞았으나 천공시키지 못하고 **뼈와 연부조직 사이를 우회**하였을 경우

■ 총기에 의한 손상사에 있어서는 반드시 총알입구, 사출구, 사창관을 볼 수 있다. (×)
■ 탄환이 피해자의 피부를 뚫고 들어간 부위를 총알입구, 뚫고 나온 부위를 사창관이라고 한다. (×)

③ 총알상처와 발사거리

유형	구체적 내용
접사	㉠ 총구가 피부에 밀착된 상태에서 발사된 것 ㉡ 총알입구가 불규칙하게 파열되어 있고, **총알입구 내에까지 화약잔사분말이 침입되어 있다.** ㉢ 총알입구가 탄환의 직경보다 **커진다.** ■ 접사에서는 상처구멍이 파열되어 불규칙한 성상 또는 분화구상을 보이며 탄환의 직경보다 커진다. (○)
근접사	㉠ 총구가 피부에 밀착되지 않고 약 0.5~1cm이내에서 발사된 경우 ㉡ 접사와는 달리 폭풍이 피사체의 내부에 영향을 미치지 못하므로 **상처가장자리가 파열되지 않으며** 탄환에 의한 **전형적인 상처구멍을 본다.** ■ 폭풍이 피사체의 내부에 영향을 미쳐 상처가장자리가 파열된다. (×) ㉢ 총알입구의 크기는 탄환의 직경보다 일반적으로 작다. ㉣ 소륜이 형성된다.
근사	㉠ 권총은 약 30~45cm, 장총은 1~2m 이내의 거리에서 발사된 것 ㉡ 총알입구는 원형상을 이루고 주위에는 이른바 **소륜(burning ring)을 형성**하여 폭연, 화약잔사분말, 녹, 기름성분 등이 부착된다. ㉢ 근사에 있어서 **그을음부착의 형태는 거리가 멀어질수록 직경은 커지고 밀집도는 감소**하기 때문에 거리를 추정하는데 도움을 준다. ■ 근사에서 그을음부착의 형태는 거리가 멀어질수록 직경은 감소된다. (×) ■ **공기총일 경우** 화약의 폭발력에 의하여 탄환이 발사되는 것이 아니므로 화약가스에 의한 그을음부착 등을 볼 수 없어 **발사거리를 추정할 수 없다.**
원사	㉠ 근사이상의 거리에서 발사된 것 ㉡ 근사와 다른 점은 폭열 및 탄연에 의한 변화를 보지 못하며 탄환자체에 의한 변화 상처 가장자리에 오물고리와 까진고리만 본다. | 오물고리 | 화약의 잔사나 총강 내에 묻어 있던 기름, 먼지, 녹 등의 오물이 탄환 표면에 부착되어 피부를 뚫고 들어갈 때 상처가장자리에 부착되는 것 | | 까진고리 | 탄환이 피부를 뚫고 들어갈 때 상처구멍 가장자리의 피부가 함몰되면서 피부가 박탈된 현상 | ■ 소륜(×), 그을음 부착(×)

(5) 교통사고 손상

① 서설 : 교통사고 손상은 둔기손상의 일종이나 일반적으로 외력의 정도가 매우 강하며 신체의 여러부위가 동시에 또는 연속적으로 손상되는 특징을 가지므로 교통사고로 인한 시체의 손상을 관찰하여 차종, 차량의 속도, 충격상황, 충격방향 등을 추정할 수 있으나, 운전자의 운전 상태를 추정할 수는 없다.

② 손상과정 : 보행자가 차량에 의하여 충격되면 다음과 같은 과정에 의하여 손상을 받는다.

과정	구체적 내용
제1차 충격손상(범퍼손상)	차체의 외부구조에 처음으로 충격되어 생긴 손상
제2차 충격손상	제1차 충격 후 신체가 차의 외부구조에 재차 부딪혀 생기는 손상으로서 통상 시속 50km 이하의 속도로 보행자를 충격했을 경우 신체가 차의 보닛 위로 떠올려져 전면 유리창 등에 부딪치는 2차 충격손상을 입게 된다.
제3차 충격손상(뒤집힌손상)	제1차 또는 제2차 충격 후 쓰러지거나 공중에 떴다가 떨어지면서 지면이나 지상 구조물에 부딪혀 생기는 손상

③ **채찍질 손상**(편타손상, whiplash injury) : 차량이 갑작스럽게 가속되거나 감속되면 운전자의 두부(頭部)가 과도하게 전후로 움직여 목부위에 손상으로 **보행자에게도 주로 후방에서 1차충격시 같은 기전에 의해 채찍질 손상이 발생되기도 하며**, 이는 손상 자체는 경미하더라도 뇌간부 또는 상부 경추에 충격을 주어 사인이 될 수도 있다.
　　■ 편타손상(whiplash injury, 채찍질손상)은 차량의 급감속 또는 급가속시 경부가 과도하게 움직이면서 생기는 것으로 보행자에게서는 발생할 수 없는 손상이다. (×)

④ **떼인 상처** : 자동차의 바퀴가 역과할 때 주로 형성되며 회전하는 둔력에 의하여 피부와 피하조직이 하방의 근막과 박리되는 현상을 말한다.

(6) 물린손상(교합손상)

① 물린손상이란 치아의 물림(교합)에 의하여 일어나는 손상을 말하며, 교흔, 치흔, 물린자국이라고도 한다.
② 물린손상은 대부분 피부밑출혈을 동반하는 반달모양의 피부까짐으로 나타나는데, 이는 성범죄에 있어서 피해자 신체뿐만 아니라 피해자가 저항의 수단으로 사용하기 때문에 가해자의 혀나 입술에 형성되기도 한다.
③ 물린 손상은 개인식별의 좋은 자료가 되나 그 한계성을 인식하여야 한다. 즉, 깨물 때 **피부는 변형이 잘 일어나고 가해 당시와 체포 당시는 발치(拔齒)및 치료 등으로 인하여 달라질 수 있다. 이러한 문제는 반드시 법치의사에게 의뢰하여야 한다.**
　　■ 시체 외부에 물린 자국과 체포 당시 가해자의 치아를 비교하면 정확히 일치하므로 가해자의 범행흔적을 쉽게 알 수 있다. (×)

> **강간·강제추행 등 성범죄에서 볼 수 있는 손상**
>
> - 성기·유방 등에 가해자에 의한 「물린손상」
> - 윤간사건에 있어서 손·발 등에 볼 수 있는 「억압손상」
> - 등부위·넓적다리의 「개갠상처」와 같은 「저항손상」
>   　■ 떼인상처 (×)

- 45 -

(7) 손상사에서의 자·타살의 구별

기준	자살	타살
사용흉기	자살에 쓰인 흉기는 거의 1개이고 몸 가까이에서 발견된다.	2개 이상의 흉기에 의한 베인 상처가 발견되고, 흉기가 시체에서 멀리 떨어져 있는 경우는 타살이 많다.
손상의 부위	목, 가슴, 배꼽부위 등 급소에 있는 것이 보통이며, 늘 쓰는 손의 반대측에 기점이 있다.	신체의 어느 부위에도 가능하나 특히 목덜미, 뒷머리, 등어리 등에 손상이 있다.
손상의 수	손상의 수는 적으며 특히, 치명상의 숫자는 1~2개에 불과하다.	중·치명상의 숫자가 여러개인 경우가 많다.
손상의 방향	손상이 비교적 집중되어 있으면서도 상호 **평행한** 방향을 취한다.	손상들이 불규칙하고 여러 방향을 이루는 경우가 많다.
손상의 형태	날이 있는 도구를 사용하기 때문에 벤상처, 찔린상처가 많다.	유도기뿐만 아니라 둔기의 사용도 빈번함에 따라 벤상처, 찔린상처 외에 타박상, 찢긴상처, 큰칼상처 등 다양하다.
주저흔, 방어흔	잘 쓰이는 손에 혈액이 부착되어 있고 창상 주변에 주저흔이 발견된다.	손, 손가락, 팔뚝에 **방어흔**이 있는 경우가 많다.
착의와의 관계	옷을 걷어 올리고 직접 피부에 상해를 하므로 옷에는 손상의 흔적이 거의 없다.	옷을 입은 채로 상해를 입게 되므로 옷에도 손상이 있다.
총상의 경우	① 피부에 접착시켜 발사하는 접사가 보통이다. ② 총알상처는 대개 급소부위에 있다. ③ 총기는 사자(死者)의 손 또는 주변에 있다. ④ 사자(死者)의 손·소매 등에 화약 잔재가 묻어있다.	① 원(遠死), 근(近死)사인 것이 보통이다. ② 총알상처는 급소에 한하지 않는다. ③ 사용된 총기의 위치는 일정하지 않다. ④ 사자(死者) 이외의 물체에도 탄흔이 남아 있다.

- 뒤통수 부위를 강타하는 경우는 타살에서만 볼 수 있다. (×)
- 자살의 경우에 볼 수 있는 주저상처는 한 부위에 수개 내지 수십개의 벤상처 형태로 집중 형성된다. (○)
- 과도에 의해 찔린 경우 찢긴 상처로 분류된다. (×)
- 자살의 경우 치명상은 주저상처의 가운데 또는 그 주변에서 볼 수 있다. (○)

< 과학수사론 Theory of Scientific Investigation >

Chapter 과학수사

> ▶ 자살로 볼 수 있는 경우

- 사망자의 유서에 자신의 사후를 가족에게 부탁한 내용이 있다.
- 시체에서 30cm 떨어진 곳에 흉기가 놓여 있다.
- 이불 등 가재도구를 정돈하고 옷을 가지런히 입은 상태로 죽어 있다.
- 병중인 경우를 제외하고는 잠옷바람의 자살은 거의 없고, 대개 내의를 갈아입거나 깨끗한 옷으로 갈아입던지 몸단장이나 화장을 하는 경우가 많고 목욕도 한다.
- 현장의 주변이 깨끗하게 정돈되어 있다.
- 자물쇠는 내부로부터 시정이 되어 있다.
- 변사현장이 사망자 모친의 묘소 부근이다.

■ 시체 위에 이불이 덮여 있으면 주로 자살이다. (×)

4 질식사 및 자·타살 구별

(1) 개념

① 질식이란 호흡에 의한 생리적 가스교환이 중단되는 상태를 말하며, 이로 인한 생명의 영구적 중단을 질식사라 한다.
② 질식은 그 원인에 따라 외질식과 내질식으로 나누어지는데, 법의학에서는 외질식에 의한 사망만 질식사라 하고, 내질식에 의한 사망은 질식사라고 하지 않는다.
　■ 법의학에서의 질식은 내질식에 의한 질식사를 의미한다. (×)
③ 질식사는 〈무증상기 ⇨ 호흡곤란기 ⇨ 경련기 ⇨ 무호흡기 ⇨ 종말호흡기〉의 단계를 거친다.

(2) 질식사의 징후

점출혈(일혈점)	① 피부, 결막, 점막 밑, 장막 밑 등에서 점출혈이 생긴다. ② 점출혈은 모세혈관이 파탄되어 발생하는데 외부에서는 눈알, 내부에서는 폐에서 흔히 볼 수 있다. ③ 점출혈은 사인에 따라 그 정도가 다르지만, 끈졸림사에서 가장 많이 그리고 뚜렷하게 나타난다. ④ 점출혈은 세균성 바이러스 감염질환에서도 볼 수 있다. ⑤ 목맴인 경우에는 점출혈이 **없는** 경우가 많고 나타나더라도 뚜렷하지 않으며, **끈졸림사에서는 점출혈이 가장 많이 그리고 뚜렷하게 나타난다.**
혈액의 암적색·유동성	혈액이 응고(굳은 피)되지 않으면서 색깔이 암적색(검붉은색)을 띤다.
내장의 울혈	① 뇌, 폐, 간, 신장 등의 혈관 내에 많은 피를 함유하고 있는 상태를 말한다. ② 특히 폐에서 현저하다.
기타 징후	현저한 시체얼룩, 혀의 돌출, 대소변의 누출, 정액의 누출, 안면의 울혈, 기도내 포말형성 등

■ 혈액이 암적색으로 응고된다. (×)
■ 질식사체의 3대 징후는 질식사에서만 보는 절대적인 특이소견이 아니라, 내인성 급사 등 다른 급사에서도 볼 수 있다.
　- 점출혈, 암적색·유동성, 내장의 울혈은 질식사에만 나타나는 현상이다. (×)

(3) 질식사의 종류

1) 목맴

① 줄이나 끈을 목 주위에 두르고 줄이나 끈의 양쪽 끝을 높은 곳에 고정시켜 **자기의 체중**으로 목을 졸라 질식되어 사망하는 것을 말한다. 그러나 발이 바닥에 닿은 자세에서 사망한 목맴시체에서는 매단점이 목 부위의 위치보다 반드시 높을 필요는 없다.

② 목맴은 **자살**인 경우가 거의 대부분이다.

③ 끈자국이 형성되고 끈자국 주변에 피부밑출혈·피부까짐의 가능성이 있다. 즉, 끈의 힘에 의하여 피하(皮下)의 혈관이 파탄되더라도 끈이 계속적으로 압박하기 때문에 혈액이 피하조직에 침입할 수 없어 **끈자국에서는 일반적으로 피부밑출혈을 볼 수 없다.** 다만, 끈자국과 끈자국 사이에서 '끈사이출혈'을, 끈자국 가장자리에서 '끈가장자리출혈'을 볼 수 있다.
  - ▣ 목맴에 의한 시체의 경우, 끈자국에서는 일반적으로 피부밑출혈을 볼 수 있다. (×)

④ 혀가 튀어 나오는 경우가 많고, 안구도 울혈로 인하여 돌출되는 경우가 많다.

⑤ 체액을 누출하는 경우가 많다.

⑥ 목맴시체에 있어서 시체얼룩은 시체의 **하부인 손과 발끝**에 생기기 때문에, 피부밑출혈이 손과 발에 있는 경우에는 시체얼룩을 관찰하기가 어렵다.
  - ▣ 목맴의 경우 시체얼룩은 머리 부위에 생긴다. (×)

⑦ 전형적 목맴과 비전형적 목맴으로 구별되는데 일반적으로 목맴은 전형적인 목맴을 의미한다.

전형적 목맴	나뭇가지나 높은 기둥에 끈을 묶어 목을 메어 사망하는 경우로서 눈에 점출혈이 사라진 경우가 많다.
비전형적 목맴	문손잡이 등에 끈을 묶어 상반신을 당겨 사망하는 것으로서 눈에 점출혈이 뚜렷하게 남아 있다.

2) 끈졸림사

① 목에 감겨진 줄이나 끈에 자신의 체중 이외의 힘에 졸려서 질식 사망하는 것을 말한다.

② 끈졸림사는 대부분 타살이다.

③ 목에 끈자국이 있으나 목맴보다 낮은 지점에 끈자국이 있는 경우도 있고, 끈자국의 위치는 목맴보다 낮아 방패연골의 높이 또는 그 하방에 형성되며 그 상방에는 흔하지 않다.

④ 혀가 튀어 나오거나 체액을 누출하는 것은 목맴과 유사하나, 끈자국 주변에 손톱자국이 있는 경우가 있다.

⑤ 끈을 여러 번 회전하였을 때는 회전수에 따라 여러 개의 끈자국이 형성된다.
  - ▣ 끈졸림사의 경우 얼굴과 눈꺼풀이 창백하다. (×)
  - ▣ 시체얼룩이 손, 발의 끝에서부터 나타난다. (×)
  - ▣ 끈졸림사에서는 끈이 목 부위를 수평으로 일주하며 목 앞부위 보다 뒷목부위의 위치에서 끈자국이 뚜렷하게 나타난다. (×) - 끈졸림 사체에서는 끈이 목 부위를 수평으로 일주하며 끈자국은 평등하게 목 주위를 두르고 있다.

3) 손졸림사

① 목 주위를 손 또는 팔로 압박하여 질식 사망케 하는 것이다.
② 손졸림사는 거의 전부가 타살이다.
   ▪ 손졸림사는 대부분 타살이나 자살일 경우도 많다. (×)
③ 손졸림자국은 비교적 광범위 하고 뚜렷하게 나타난다.
④ 손톱자국은 불규칙하게 나타나는 경우가 있다.
⑤ 손끝자국은 손톱자국과 동반되거나, 손톱자국이 없더라도 목 부위 및 코 주위에 손가락에 의하여 원형의 피부밑출혈이 나타난다.

4) 익사

① 물에 빠져서 사망하는 것으로 그 개념에는 물의 흡입에 의하여 사망하는 것은 물론, 흡입하지 않고 익수만으로 사망하는 경우도 포함한다.
② 익사에 있어서 익사 여부를 진단하는 데는 단정적인 소견이나 검사법으로는 부족하여 논란이 많고, 특히 수중시체는 대부분 부패된 상태이므로 그 어려움을 가중시키고 있다.
   ▪ 익사에 있어서 익사여부를 진단하는 데는 단정적인 소견이나 검사법으로 충분하다. (×)

▶ 익사의 현상

- 익사는 거의 대부분이 자살 또는 과실사이고, 익사가 타살에 의한 경우에는 외상이 있는 경우가 많다.
- 익사인 경우 기관 및 폐장 내에 개울물의 플랑크톤, 부유생물 등 이물질을 발견할 수 있다.
- 수중시체가 익사로 인해 사망하였다는 것을 거품덩이(포말괴), 이물장악(손이 주위 물체를 잡고 있는 것)또는 각 기관 내에 플랑크톤의 증명, 아피(닭살)의 형성으로 확인할 수 있다.
- 살해 후 물에 던진 경우에는 익사에서 발견되는 외부소견을 볼 수 **없다**.
   ▪ 살해 후 물에 던진 경우에도 익사의 외부소견이 있다. (×)
- 사후(死後) 투수일 경우에도 폐와 위장관에 물이 들어갈 수 있으며 위장 내에는 음식물 중에 함유되어 있던 플랑크톤이 검출될 수 있으므로, 폐와 위장 내에 플랑크톤이 있더라도 자살로 단정할 수 없다.
- 익사체에 있어서는 미세한 포말로 구성된 백색의 거품이 코와 입에서 마치 버섯모양으로 유출되며 닦아내면 또 다시 나타날 수도 있다. 이러한 **거품덩이가 나타나면** 의심할 여지없이 생전(生前)에 물이 들어갔다는 근거가 된다.
- 수중시체의 체온하강속도는 **공기 중에 비하여 빠르며**, 고인 물 보다는 흐르는 물속에서 더 빠르다.
- **시체얼룩이 미약하거나 없고**, 닭살이 형성되어 있다.
- 물속에서 일정시간이 경과되면 팔·다리의 표피, 특히 손발을 비롯하여 무릎과 팔꿈치의 각질층이 물에 부풀어 희어지고 주름이 잡히는 **표모피 현상**이 발생한다.
- 익사가 일어나기까지의 시간은 대체로 5~8분 정도로 보고, 익사체의 20~30%는 가라앉지 않고 뜬다.
- 여름에는 대개 2~3일에 떠오르고, 겨울에는 심지어 3~4개월 뒤에 떠오르는 경우도 있다.
- 익사체인 경우 신분증 유무를 불문하고 **시신의 지문을 확인**하여 신원확인을 한다.
   ▪ 자살로 추정되는 익사체 시신에서 신분증 등이 나오면 신속하게 가족에게 연락하여 시신을 인계한다. (×)

5) 기타

① 이물질로 인해 기도 내의 막힘 또는 좁아짐으로 인한「기도막힘질식사」
② 가슴부위 또는 배꼽 부위의 압박으로 인한「몸눌림질식사」
③ 귀·입 등의 폐쇄로 인한 질식사 등이 있다.

(4) 질식사(특히 목맴)의 자·타살 구별

구분	자살(특히 목맴)	타살(특히 끈졸림사)
매단점	① 메어져 있던 시체를 풀어 놓았다고 주장할 때 매단점(끈을 맨 곳)에서 끈의 섬유가 발견되지 않거나 매단점에서 묻을 수 있는 물질이 끈에서 발견되지 않을 때에는 타살의 의심이 있다. ② 거짓목맴에서는 매단점과 목 부위의 끈 길이가 너무 짧거나 길 때가 있으므로 목을 맨 과정과 연관시켜 그 길이의 정도가 자신의 목을 매는데 합당한지를 검토하여야 한다.	
사용된 끈	자신이 일상적으로 사용하는 것이나 피부에 닿아도 아프지 않은 연한 것을 사용한다.	튼튼한 것이면 무엇이든 사용한다. 다만, 주변에서 흔히 보지 못하는 이상한 끈을 사용한 경우에는 일단 타살의 의심을 하여야 한다.
맨 방법	제일 먼저 감은 것이 제일 강하며 몇 번이고 감는 수도 있다.	주로 한번 세게 감으며, 여러번 감는 경우는 드물다. 특히 매듭, 올가미 형태가 특수할 때에는 일단 타살로 의심된다.
끈자국	① 끈자국이 끈과 일치된다. ② 체중 때문에 아래턱에 걸려 더 이상 올라가지 못할 때까지 올라가기 때문에 끈자국은 목의 윗부분에 있다. 따라서 거의 대부분 방패연골의 높이 또는 그 상방에 끈자국이 위치한다.	① 끈자국이 끈과 일치되지 않는다. ② 끈과 끈자국 사이에 머리카락·낙엽·흙 등 이물질을 발견할 수 있다. ③ 일반적으로 끈자국이 목맴보다 목의 아래쪽에 있다. ④ 끈으로 졸라 살해 후 위장했을 경우에는 이중 끈자국을 볼 수 있다(다만, 자살 시 끈이 끊어져 재차 목맴을 시도한 경우에도 볼 수 있으므로 신중하게 판단하여야 한다).
시체얼룩 등	① 체위에 합당하게 하반신에서 발견된다. ② 배설물이나 혈액을 현장의 하방에서 본다면 스스로 목맴한 것이라고 여겨진다.	① 체위에 합당하지 않은 부위에서도 발견된다. ② 목맴시체에서 얼굴과 눈꺼풀 결막에서 청색증과 점출혈을 본다면 거짓목맴이 강력히 의심된다.
장소·상황	현장 상황이 자연스럽다.	현장을 과도하게 꾸미는 경향이 있다.
보조물	가끔 발견된다.	거의 발견되지 않는다.
저항흔	없다.	있는 경우가 많다.

■ 목맴시체에서 김순경은 등부위에 시체얼룩을 발견해서 자살로 판단했다. (×)

(5) 목맴 · 끈졸림사의 사체현상 비교

구분	목맴	끈졸림사
끈자국의 형태	① 비스듬히 위쪽으로 향해 있다. ② 목 앞부분에서 현저하고 뒷면에는 없다. ③ 뚜렷한 부분은 끈 매듭의 반대쪽에 있다. ④ 서로 엇갈린 형상을 보이지 않는다. ⑤ 끈졸림사의 경우보다 높은 곳, 즉 후두(喉頭) 부위의 위쪽을 통과하므로, 방패연골의 위쪽 또는 설골에 골절이 있다.	① 수평으로 형성된다. ② 균등하게 목 주위를 두르고 있다. ③ 뚜렷한 부분은 끈매듭이 있는 부분에 있다. ④ 서로 엇갈린 형태를 보인다. ⑤ 목맴의 경우보다 낮은 곳, 즉 후두 부위 또는 그 아래쪽을 지나기 때문에 방패연골 혹은 윤상연골에 골절이 있다. ⑥ 피해자의 옷깃까지 함께 감아 매여 있고, 2회 이상 감아 죽어 있는 경우가 많다.
눈꺼풀 결막의 점출혈	결막에 점출혈이 적고, 얼굴은 창백하며, 발등은 암적색을 띤다.	결막에 점출혈이 많고, 얼굴은 일반적으로 암적색으로 부종상을 보인다.
자 · 타살	거의 대부분 자살	거의 대부분 타살

5 중독사

(1) 화공약품에 의한 중독

1) 무기산

① 무기산은 황산, 염산, 질산 등이 대표적이며, 강한 부식성을 갖고 있어서 무기산을 마실 때에 흘리거나 구토로 인하여 주로 입술이나 턱을 비롯한 안면부에 화상이 발생한다.
② 치사량은 황산 약 5~10mℓ이며 대개 수 시간 내지 24시간 내에 사망한다.
③ 대부분 공업용으로 쓰이지만, 집에서는 화장실 소독에 쓰일 때가 있다.
④ 간혹 자살의 용도로 쓰이며 타살례는 거의 없다.
   ■ 황산을 마시면 처음에는 시력장애 및 실명하게 되고 혈중농도가 짙어지면 사망하게 된다. (×) - 메틸알코올에 대한 설명

2) 유기산

① 유기산에는 초산, 수산, 석탄산(페놀) 등이 있다.
② 초산은 특유한 냄새가 나는 무색의 액체로서 상품으로 판매되거나 실험실에서 많이 쓰이고, 격렬한 통증, 혈성구토와 설사가 나며 용혈로 인하여 혈뇨가 생기면서 구강, 식도 및 위점막은 부식되어 백색의 가피를 형성한다.
③ 수산은 접촉 시 국소적 부식에 의한 자극증상이 생기고, 식도와 위 점막은 부식되어 박리되며 흑갈색 가피를 형성한다.

3) 알칼리
   ① 구강, 식도 및 위점막이 부식되어 구강과 흉부 및 복부에 격렬한 고통이 발생한다.
   ② 흑갈색의 구토가 생기고, 극심한 혈성 설사가 생긴다.
   ③ 입, 혀, 인후부에서 점막의 괴사가 생긴다.

4) **청산가리 또는 청산소다 등의 사이안산**(HCN)
   ① 청산은 살서제 및 살충제 또는 금속용접이나 전기도금, 사진인화, 합성고무의 제조 등에 널리 사용하기 때문에 구하기가 쉬워, 특히 자살의 목적으로 많이 사용되며 때때로 타살의 수단이 되기도 한다.
   ② 호흡곤란과 경련을 일으키며 의식이 소실되고 대부분은 10분 내에 사망한다.
   ③ 두통, 불안감, 운동실조, 호흡촉진, 오심, 구토, 질식감이 나타나며 경련과 더불어 혼수상태에 빠지고, 코와 입에서 특유의 냄새(복숭아 냄새)가 난다.
   ④ 보통 시체얼룩은 **선홍색**(일산화탄소 중독사 보다는 뚜렷하지 않음)을 나타낸다.

(2) 가스 및 휘발성 독물에 의한 중독

1) **일산화탄소**
   ① 일산화탄소(CO)는 무색, 무미, 무취의 비자극성 기체로 공기보다 약간 가볍고 물에는 불용성이다.
   ② 일산화탄소 급성 중독으로 사망하면 혈액과 더불어 시체얼룩이 **선홍색**을 띤다.
   ③ 일산화탄소 중독에서 근육과 각 장기는 **선홍색**을 띠며, 손톱은 적색 또는 **선홍색**을 띤다.
   　■ 저체온사와 사이안산 중독에서 손톱은 **청자색**을 띤다. (O)
   ④ 일산화탄소 중독 시 가장 좋은 시료는 **혈액**이다.

2) **탄화수소류**(공업용 본드 등)
   ① 유기용매제, 접착제 및 도료에 포함되어 있는 톨루엔·크실렌·벤젠과 같은 「방향족 탄화수소」와 사염화탄소·초산염과 같은 「할로겐화탄화수소」에 의한 중추신경 마취작용으로 인해 급사한다.
   ② 급사 이외의 특이한 소견이 없다.
   ③ 주로 손이나 코 주위에 이러한 물질이 묻어 있는 경우가 많다.
   ④ 청소년들이 환각작용을 얻기 위하여 남용한다.
   ⑤ 환각효과를 높이기 위하여 비닐을 머리에 뒤집어쓰기 때문에 비구(鼻口)폐색, 산소결핍에 의한 질식이 병합될 수 있다.

3) **액화석유가스**(LPG)
   ① LPG(프로판가스)는 중추신경을 억제하는 작용이 있어 직접 중독을 일으킬 수도 있으나 밀폐된 공간일 때에는 산소를 치환시켜 산소결핍에 빠지게 한다.

② LPG의 경우 질식사의 일반적 소견을 보일 뿐 특이한 소견이 없다(이상한 냄새 ×).
③ LPG를 액상에 접촉 시 화상 또는 동상의 위험이 있으며, 고농도 폭로 시 기능장애(마취성)가 있으며 산소분압이 낮아져 질식성 장애를 일으키게 된다.

4) 황하수소
① 썩은 계란냄새가 나며 사이안산과 같이 맹독성으로 하수로, 분뇨탱크에서 작업하던 사람이 중독 또는 사망하는 경우의 원인이 된다.
② 사체는 급사의 일반적인 소견을 보인다.
③ 기관, 폐, 근육 등에서 특유의 냄새가 난다.
④ 황화수소가스 중독 시 시체얼룩은 녹갈색을 띤다.
- 시체에서 특이한 냄새가 나는 경우 – 청산가리, 암모니아, 황화수소

6 온도이상으로 인한 사망

(1) 화상사

1) 개념
① 고열이 피부에 작용하여 일어나는 국소적 및 전신적 장애를 넓은 의미에서 화상이라 하며, 이로 인한 사망을 화상사라고 한다.
- 고열이 피부에 작용하여 일어나는 전신적 장애만을 화상이라고 한다.(×)
② 화상사는 대부분 사고성으로 화재에 의한 화염 또는 뜨거운 물에 데어 일어난다.
- 화상사는 대부분 타살로서 화상에 의한 쇼크에 의해 사망한다.(×)
③ 전신의 1/3 정도에 3도 화상을 입으면 50%가 사망한다.

2) 화상의 정도

1도 화상	① 물집(수포)은 형성되지 않으나 표피가 벗겨질 수도 있다. ② 표재성으로 표피에 홍반만 보이기 때문에 **홍반성** 화상이라고 한다.
2도 화상	① 표피와 함께 **진피**까지 **침범**되는 화상이다. ② **물집(수포)**이 형성되고 수포 주위에 홍반(紅斑)을 볼 수 있어 특히 이를 물집성 화상이라고 부른다. - 2도 화상에는 물집은 형성되지 않으나 수포 주위에 붉은 색 반점을 볼 수 있다.(×)
3도 화상	① 피하지방을 포함한 **피부의 전층**에 침범되는 화상이다. ② 조직이 응고성 괴사에 빠지며 외견상 건조하고 회백색을 띠며 물집(수포)을 형성하지 않는다.
4도 화상	피부 및 그 하방의 조직이 탄화되는 것으로, 뜨거운 액체로 인한 화상의 경우에는 나타나지 않는다.

- 뜨거운 액체로 인한 화상에는 1도에서 4도화상까지 볼 수 있다.(×)

3) 투사형 자세

① 소사체에 있어서는 사후에 열이 계속적으로 가해져서 근육이 응고되어 수축되면 열경직이 강하게 일어나 사지의 관절은 반쯤 굴곡된 채 고정된다. 이러한 자세가 마치 권투하려는 자세와 비슷하여 권투가 자세 또는 투사형 자세라고 한다.
② 투사형 자세는 **활력반응이 아니므로** 이러한 자세를 취한다고 하여 반드시 화재사로 사망하였다고 단정할 수 없다.

(2) 저체온사

① 외계의 저온인 상태에서 체내의 열생산에 비하여 체열이 방산되는 정도가 과도하여 사망에 이르는 것이다. 대개 **심부(深部)체온이 30℃ 이하**가 되면 사망한다.
② 사망 전에 이미 체온이 떨어져 있고 사후에는 급속히 하강하므로 사후경과시간에 비하여 체온이 현저히 낮아지고 기온이 영하가 되면 동결되며 관절은 뻣뻣해진다.
③ 혈중의 산화헤모글로빈이 잘 해리되지 않아 **선홍색** 시체얼룩을 띤다.
④ 흔히 헤매거나 넘어지므로 안면부나 사지(四肢), 특히 하지(下肢)에서 **표피박탈**이나 좌상(挫傷)과 같은 경미한 손상이 발견된다.
 ■ 저체온사의 경우 피부와 피하조직이 균열 또는 파열되어 벤상처 또는 찢긴상처와 유사한 소견을 보인다. (×) – 화재사의 경우 나타나는 증상이다.
⑤ 호흡기능의 마비로 인하여 종말성 환각 또는 열감 때문에 **스스로 옷을 벗으며** 때로는 나체가 되어, 여자의 경우에는 강간당한 것처럼 보일 수 있다.

> ▶ 사체현상 관련 유의사항

> **1** 감전사
> ① 감전사란 전기에너지가 인체를 통과하여 사망에 이르게 하는 것이다. 전류가 출입한 부위에 생기는 피부를 비롯한 조직의 손상을 「전류흔」이라 한다.
> ② 전류흔은 일반적으로 원형 또는 계란형의 피부함몰로써 주름에 의하여 둘러싸이는 것이 전형적인 형태다.
> ③ 전류흔이 있는 중심부의 피부는 백색 또는 회백색으로 창백하며 편평화(扁平化)된다.
> ④ 전류흔은 사후에도 생길 수 있으므로 감전사라는 단정적인 증거는 되지 못하는데, 특히 출혈이 동반되지 않았다면 전류흔은 **사후에 형성되었을 가능성**이 있다.
> ⑤ 일반적으로 「들자국」은 손가락이나 손바닥에 형성되나, 「날자국」은 발바닥에 주로 형성된다.
>
> **2** 생산아와 사산아 구별
> ① 생산아는 폐장이 물에 뜨고, 자궁 내에서 죽은 아이는 폐장이 뜨지 않는다.
> ② 폐포의 확장상태가 확실하면 생산아, 그렇지 않으면 사산아이다.
> ③ 생산아는 호흡을 했으므로 흉위가 복부보다 크다.
> ④ 생산아, 사산아의 구별은 살인(또는 영아살해) 여부를 판단하는 데 중요하다.
>
> **3** 홀로색밝힘사망
> ① 홀로색밝힘사망이란 기구나 장치를 이용하여 스스로 성적 쾌감을 즐기다가 일어나는 사고사를 말한다.
> ② 대부분 나체로 발견되며, 시체주변에 도색(桃色)사진 또는 포르노테이프 등이 발견되기도 한다.
> ③ 목맴, 끈졸림사의 방법 또는 비닐주머니를 뒤집어 쓴 경우도 있다.
> ■ 홀로색밝힘사망은 거의 대부분이 여자나 가끔씩 남자들도 볼 수 있다. (×)

< 과학수사론 Theory of Scientific Investigation >

Chapter 과학수사

제 5 절 법의 혈청학

1 법의 혈청학의 의의

(1) 개념

① 법의 혈청학(Forensic Serology)이란 법의학의 검사대상 중 인체에서 유래되는 각종 증거물을 혈청학적인 실험방법에 의하여 감정 및 연구하는 학문이다.

② 항원과 항체의 반응원리를 이용하면 혈액은 물론 각종 인체조직과 인체분비액에서 혈액형 물질의 검출이 가능하다. 이들 혈액형의 판정결과는 범죄수사를 위한 범인의 색출 및 개인식별에 활용되고 있다.

③ 법의 혈청학의 감정결과는 범죄수사상 개인식별은 물론 범인색출의 단서를 제공하며, 재판시에 피의자의 범죄를 입증하며, 판결상의 근거를 마련하는데 주된 역할을 하고 있다.

> ▶▶ 신체적 소산물로 알 수 있는 것
>
> - 성별추정이 가능한 것 : 혈액, 타액, 모발, 치아
> - 연령추정이 가능한 것 : 모발, 치아
>   ■ 대·소변(×)

(2) 법의학과 구별

법의학(Legal Medicine)은 의학 및 자연과학을 기초로 하여 법률적으로 문제되는 사항을 연구하거나 감정하는 학문인 반면, 법의혈청학은 항원과 항체의 특이한 반응을 기본원리로 하는 학문이다.

2 대상이 되는 증거물

(1) 서설

1) 법의 혈청학적 증거물에는 인체에서 유래되는 각종 물질, 즉, ① 혈액(혈흔), 타액(타액반), 정액(정액반), 모발, 땀, 소변, 기타 인체배설물 ② 골격, 치아, 인체의 장기편 등이 있다. ③ 그 밖에 독극물, 약품, 페인트, 유리조각 등과 같은 이화학적 검사대상의 되는 증거물 등도 있다.

■ 농약의 성분감정(×), 완전히 부패된 골편(×)

2) 법의 혈청학에서 증거물에 대한 감정은 반드시 의사에 의해서만 할 수 있는 것이 아니고, 의사의 자격 없는 자도 전문적인 지식을 가지고 법원의 명령, 또는 검사·사법경찰관으로부터 위촉된 자이면 가능하다.

■ 혈청학적 증거물에 대한 감정은 전문적 지식을 가진 의사만이 할 수 있다.(×)

(2) 혈액(혈흔)

1) 개념
① 혈흔으로는 혈액형, 성별, DNA 지문감식이 가능하지만, 연령추정은 불가능하다.
② 혈액형은 1901년 란스타이너(Landsteiner)가 ABO식 혈액형을 발견하였고, 그 후 1927년에는 그의 동료와 함께 MN식 혈액형(M,N,MN등 3개의 종류)을, 1940년에는 Rh식 혈액형(C,c,D,E,e 5개의 종류)을 발견하였다.

2) 혈흔검사의 방법

> 혈흔부착유무 확인 ⇨ 혈흔예비시험 ⇨ 혈흔확인시험 ⇨ 인혈증명시험 ⇨ 혈액형검사

① **혈흔부착유무 확인** : 육안으로 혈흔부착유무 및 부착상태를 관찰하고, 실내의 한정된 불빛으로 어두운 표면에 부착된 혈흔의 경우 회중전등을 사광선 또는 수평으로 비추어야 잘 보인다. 혈흔은 혈색소의 변화에 따라 암적색 ⇨ 적갈색 ⇨ 갈색 ⇨ 녹갈색 ⇨ 회색 ⇨ 퇴색으로 변화한다.

② **혈흔예비시험** : 루미놀 시험, 무색마라카이트 그린 시험, 벤지딘 시험은 혈흔이 아닌 철판, 동판, 과일 즙 등이 부착되어도 형광을 발하기도 하고 초록색 및 청색을 나타내기도 하기 때문에 혈흔이라고 단정하기에 어려우므로 예비시험에 불과하다.
  - ■ 혈흔으로 보이는 것이 있으면 바로 혈액검사를 실시한다. (×)

  ㉠ 루미놀 시험 – 육안으로 혈흔이 발견되지 않거나 희미한 혈흔만이 발견되는 경우
    ⓐ 육안으로는 혈흔이 발견되지 않거나 희미한 혈흔만이 발견되는 경우에는 루미놀시험을 실시한다. 루미놀시약을 만들어 분무기에 넣어 증거물에 분무한다.

> **참고 루미놀 시약 제조**
> - 루미놀 1g, 무수탄산나트륨 50g, 30% 과산화수소수 150ml, 증류수 1,000ml가 필요하고, 위 시약들을 차례로 혼합하여 완전히 용해시킨다.
> - 단, 무수탄산나트륨에 증류수를 부으면 무수탄산나트륨이 돌처럼 굳어 교반에 많은 시간이 걸리므로 증류수에 무수탄산나트륨을 조금씩 넣으면서 교반하여야 한다.

   ⓑ 혈흔의 혈색소는 루미놀 시약과 접촉되면 **청백색의 형광**을 발한다. 그러므로, 루미놀 시험은 어두운 곳에서 실시해야 형광을 잘 볼 수 있다.
      - ■ 루미놀 시험은 밝은 곳에서 이루어지는 혈흔예비시험이다. (×)
   ⓒ 루미놀시험은 혈액이 1~2만배 정도 희석되어도 검출이 가능하다. 이때 루미놀을 너무 많이 사용하면 안 된다.
      - ■ 루미놀시약 대신에 헤마 글로(Hema-Glow) 시약을 사용할 수 있다.
      - ■ 루미놀시약에 반응하면 범죄에 사용된 차량이라고 단정할 수 있다. (×)

> 루미놀 검사 시 형광반응을 나타내는 물질

금속류	동판, 놋그릇
식품류	무즙, 고구마즙, 감자즙, 우유, 커피
화학약품	무수탄산소다, 무수아유산소다, 유산동, 유산제1철, 유산제2철, 염화제1철, 염화제2철, 유산니켈, 초산코발트, 과망간산칼륨, 적혈염

■ 비누(×), 간장(×)

ⓒ 무색 마라카이트 그린(록) 시험 – 육안으로 혈흔이 발견되는 경우
  ⓐ 육안으로 혈흔모양의 물질이 관찰되는 증거물의 경우에는 무색 마라카이트 그린(록)시험을 실시한다. 의문의 물질을 채취하여 백색종이 위에 넣고 무색 마라카이트 그린(시약)을 떨어뜨린다.

> 무색마라카이트 그린(록)시약 제조

무색 마라카이트 그린(록) 1g, 빙초산 100ml, 증류수 150ml 이 필요하고 위 시약을 혼합하여 용해시킨 다음 3%의 과산화수소수를 4 : 1 용량으로 사용한다.

■ 루미놀과 무색 마라카이트 그린에 공통적으로 사용되는 원료 – **증류수, 과산화수소**

  ⓑ 혈흔이라면 혈흔의 혈색소의 작용으로 인하여 시약이 과산화수소수에 의해 산화되어 **초록색**을 나타낸다.
  ⓒ 혈액이 약 1만 배 정도 희석되어도 검출이 가능하다.

ⓒ 벤지딘 시험 – 장기간 경과된 혈흔인 경우
  ⓐ 육안으로 혈흔모양의 반흔이 보일 때 벤지딘(benzidin)시약을 떨어뜨린다.
  ⓑ 혈흔의 경우 혈색소의 촉매작용으로 과산화수소수의 발생 시 산소가 유리되어 벤지딘을 산화시켜 **청색**으로 변색시킨다.
  ⓒ 혈액이 약 20만 배 정도 희석되어도 검출이 가능하다.

③ 혈흔확인시험
  ㉠ 혈흔예비시험에서 혈흔양성반응을 나타낸 부위에 헤모크로모겐 결정체 시험을 실시하여 혈흔임을 확인하여야 한다.
  ㉡ 혈흔이라면 붉은 색깔의 국화 꽃술 모양의 결정체가 현미경에서 관찰된다.
  ㉢ 혈액이 200배 이상 희석되면 검출이 곤란하다.

④ 인혈증명시험 : 사람혈액을 토끼에 면역주사해서 만든 항사람면역혈청을 이용하여 인혈인지를 확인할 수 있다.
  ■ 혈흔으로 보이는 것이 확실하면 바로 혈액형 검사를 실시한다. (×)

⑤ **혈액형 검사** : 사람혈액으로 확인되며 먼저 ABO식 혈액형 검사를 실시하고, 이 검사만으로 누구의 혈액인지 구분되지 않을 때에는 MN식, Rh식 검사를 추가로 실시한다.

3) 혈흔의 수집 및 채취요령

유동 혈액		① 깨끗한 유리병에 담아 외부로 새어나지 않도록 마개를 견고하게 닫은 다음에 저온상태를 유지하며 운반한다. ② 혈액형 감정이 가능한, 혈흔의 최소량은 0.5mg이다.
침윤 혈흔		사건현장 땅바닥에 스며든 혈흔은 그 부분의 흙을 채취하여 그늘에서 건조시킨 다음 포장한다.
부착 혈흔	의복·천등에 부착된 혈흔	혈흔 부착부위를 그려 표시하고 깨끗한 종이를 사이에 끼워서 혈흔이 다른 부위와 겹쳐지지 않도록 포장한다.
	흉기 등에 부착된 혈흔	칼날과 손잡이의 혈흔부착부위를 건조시킨 다음 깨끗한 비닐로 혈흔부위에 너무 밀착되지 않게 포장한다.
	손톱에 부착된 혈흔	가능한 한 손톱 끝부분에서 안쪽으로 적당한 길이로 잘라 비닐종이에 싸서 포장한다. 단, 피해자의 손톱을 너무 깊게 자르면 흔히 피해자의 혈흔이 묻어 나와서 범인의 혈흔검출은 불가능할 수 있으므로 주의하여야 한다. ■ 피해자의 손톱은 깊게 자를수록 범인의 혈흔 검출은 더욱 쉬워진다. (×)
	아스팔트·마룻바닥에 부착된 혈흔	거즈에 생리식염수(알코올 ×)를 묻혀 전사하여 그늘에서 건조한다. ■ 마룻바닥에 부착된 혈흔은 거즈에 알코올을 묻혀 채취한다. (×)

(3) 타액

1) 서설

① 범죄현장에서 유류된 타액(唾液)을 이용하여 범인의 혈액형을 판단할 수 있고, 타액으로 혈액형 감별 외에 남녀 식별도 가능하다.
　　■ 타액과 비즙(콧물)으로는 혈액형 감별만 가능하다. (×)
② 타액이 부착될 수 있는 증거물로서 범죄현장에서 흔히 발견되는 것에는 **담배꽁초**, 껌, 우표, 휴지, 마스크, 손수건 등이 있다.
③ 분비형 및 비분비형 감정을 위해서는 타액 1ml를 채취하여 냉장상태로 의뢰하여야 한다.

2) **타액**(타액반)**검사의 방법**

> 타액 부착유무확인(자외선 검사) ⇨ 타액확인시험(전분소화효소(amylase)검출시험) ⇨ 사람타액증명시험 ⇨ 혈액형 검사

① 타액(타액반) 부착유무 확인– 자외선 검사
　자외선조사기로 암실 내에서 증거재료에 자외선을 조사하여 형광을 발하는 부위가 있는지를 관찰한다. 타액이나 타액반이라면 형광을 발하는 데 타액 이외에도 정액, 질액, 풀 등도 형광을 발하므로 주의해야 한다.

② 타액확인시험 – 전분소화효소검출시험
　자외선검사를 통하여 형광을 발하는 부위에 대하여 타액임을 확인하기 위해서는 타액

에 함유되어 있는 전분소화효소인 아밀라아제(amylase)검출시험을 실시하여 타액의 존재를 증명한다.

③ **사람타액증명시험**: 타액임을 증명된 다음에는 고연 사람의 타액인지의 여부를 검사한다. 시험법은 사람타액을 토끼에 면역주사하여 만든 "항사람면역혈청"을 사용하여 사람타액 여부를 증명한다.

④ **혈액형 검사**: 분비형 및 비분비형 검사, 루이스(Lewis)식 검사, ABO식 혈액형 검사가 가능하다.

3) 타액의 수집 및 채취요령

유동성 타액	• 깨끗한 유리병에 넣어 낮은 온도 즉 얼음상자로 운반하면 부패가 방지된다. • 청결한 종이에 부착시켜 그늘에서 *자연건조시킨 후* 포장하여 송부한다. ■ 건조한 병이나 청결한 종이에 부착시켜 송부하기만 하면 된다. (×)
부착 타액 (타액반)	담배꽁초, 휴지 또는 헝겊 등에 부착된 타액은 그늘에서 완전히 건조시킨 다음 포장한다.

(4) 정액(정액반)

1) 서설

① 정자는 여성의 질 내에서 36시간 정도 생존하나 **72시간까지도 생존 가능**하고, 사체의 여성 질 내에서의 정자는 사체의 보존상태 여하에 따라 생체보다 더 오랫동안 정자가 생존할 수도 있으므로 성범죄수사에서 유력한 증거가 된다.
   ■ 정자는 여성의 질 안에서 보통 24시간까지 생존한다. (×)

② 부패된 사체에서는 정자의 검출이 불가능하다.

2) 정액(정액반)검사의 방법

> 정액(정액반) 부착유무 확인 ⇨ 정액확인시험 ⇨ 사람정액확인시험 ⇨ 혈액형 검사

① **정액(정액반) 부착유무 확인**: 육안적 관찰 ⇨ 자외선 검사 ⇨ 결정형성시험 ⇨ 효소검출시험

육안적 관찰	정액은 육안으로 **황회백색**의 색깔을 나타낸다.
자외선 검사	정액반이 육안으로 관찰되지 않을 경우에는 정액반을 암실에서 자외선으로 조사하게 되면 정액반 부위에서 형광을 발하게 된다.
결정형성시험	
효소검출시험	정액 내에서는 인체의 다른 부분에 비하여 특이적으로 산성인산효소를 지니고 있어 이 효소의 존재여부를 확인하는 정액반응(SM) 검사에 의해 양성일 경우 **보라색**으로 관찰된다. ■ 정액반이 육안으로 관찰되지 않는 경우에 암실에서 루미놀 시험을 거치면 정액반 부위에서 형광을 발한다. (×)

② 정액확인시험 - 산성인산효소 검출시험
전립선에서 분비되는 정액 중에 다량 함유되어 있는 산성인산효소를 검출함으로써 정액의 존재를 증명하는 방법이다.
③ 사람정액증명시험 : 사람 정액을 토끼에 면역주사해서 만든 항사람정액면역혈청을 이용하여 사람정액인지를 확인하는 시험이다.
④ 혈액형 검사

3) 정액의 수집 및 채취요령

유동성 정액	① 깨끗한 유리병에 넣어 얼음상자 등에서 **저온 상태**를 유지하여 운반하면 부패가 방지된다. ② 청결한 거즈나 포편(천조각 또는 헝겊조각)에 묻혀 **그늘에서 건조시킨 후** 비닐 또는 파라핀지에 포장하여야 한다. 　■ 유동성 정액은 깨끗한 거즈에 묻혀 바로 파라핀지나 비닐로 포장한다. (×) ③ 유동성 정액의 보관 시 가장 중요한 것 ⇨ 부패의 방지
부착정액 (정액반)	정액이 묻었다고 추정되는 의류, 휴지, 팬티 등은 정액 부착부위가 서로 접촉되지 않도록 깨끗한 종이를 사이에 끼워 포장을 해야 하며 반드시 증거물 전체를 의뢰한다.
질액과 혼합된 정액	① 여러 개의 면봉을 준비하여 질 심층부위, 중간부위, 질 외벽 등을 고루 묻혀 내면 된다. ② 질액과 혼합되어 있는 정액의 혈액형 감별을 필요로 할 때는 피해자의 혈액을 약 1~2ml 채취하여 함께 의뢰한다(약 1cc) 　■ 혼합정액은 건조된 유리병에 담아 냉장상태로 송부하기만 하면 된다. (×)

(5) 모발

1) 서설

① 모발의 육안적 검사로서는 형상, 길이, 색깔, 광택, 경도(硬度)등의 검사를 한다.
② 모발의 형상은 적상모 또는 파상모 등의 관찰이며, 모발의 길이는 정밀한 자로 정확하게 측정하고, '멜라닌'색소가 많으면 흑갈색 모발이, 색소가 적으면 갈색 모발이, 색소가 없으면 흰색 모발의 색깔이 관찰된다.
③ 일반적으로 음모, 흉모, 수염 등은 두모에 비하여 광택이 불량하나, 액모(腋毛)의 경우에는 비교적 광택이 양호하다.

> ▶▶ 모발로 확인 가능한 사항
>
> 발생부위, 사람과 동물 털 검사, 연령 검사, **성별 검사**, 이발 후의 경과일수, 모발손상검사, 퍼머, 염색유무의 검사 뽑은 모발, 자연탈락모의 검사, **혈액형 검사**, 마약복용여부(필로폰, MDMA, 대마)
> ■ 모발검사를 통하여 사망 후 경과시간을 알 수 있다. (×)

< 과학수사론 Theory of Scientific Investigation >

Chapter 과학수사

2) 모발 채취요령

① 모발이 어떤 물체에 부착되어 있을 때에는 부착상태를 상세히 기록하고 **사진촬영을 한 후 즉시 채취해야 한다.**
② 범죄현장에서 두모, 음모, 기타 채모 등을 채취할 때에는 가능한 한 손을 대지 말고 핀셋으로 채취하여야 하며, 인체에서 직접 채취할 때에는 **모발뿌리(모근)까지 채취하여야** 하며, 모발을 절단하여 채취하는 경우 가능한 한 두피에 가깝게 절단하는 것이 바람직하다.
③ 모발을 뽑아서 채취할 필요가 있을 때에는 모선단을 잡아당기는데, 모발이 늘어나는 형태적 변화가 없도록 모선쪽에 힘을 가하는 것이 좋다.
④ 음모의 경우에는 음경 또는 음핵의 상하좌우에서 각각 **5~10개씩 채취해야 한다.** 강간사건피해자의 음부에서 음모를 채취할 때에는 흰 종이를 깔고 빗으로 빗어 자연히 떨어지는 음모를 채취하여 포장한다.
⑤ 피해자 모발을 대조자료로써 채취할 때에는 두모의 경우에는 두부의 전후·좌우에서 각 20개 이상 채취하는 것이 원칙이다. **필로폰 투약혐의자에게 대해서는 20개 이상의 모발을 채취하여야 한다.**
⑥ 혈액형 감정을 위하여 모발을 채취할 경우에는 4cm 이상의 모발을 최소한 3개 이상 송부하여야 한다.

(6) 소변

① 의복류에 부착된 소변흔적은 절단하여 말려 보존하고, 소변의 흔적이 운반할 수 없는 물체에 부착되었을 때에는 흔적부위를 절단하여 보관하며, 절단이 불가능한 물체일 경우에는 **생리식염수로 적신 거즈 등으로 닦아 그늘에서 말려 보존한다.**
② 소변이 흙 또는 눈(雪)에 배설되었을 경우에는 그 부분의 흙 또는 눈을 채취하여 청결한 병에 담아 냉장고에 보존한다.
③ 각종 **마약류 사용을 증명하기 위한 시료로는 소변이 가장 적당하다.** 일정한 시간이 지나면 체외로 배출되며, 채취에 의학적인 지식이 필요 없으므로 용의자가 동의하면 간편하게 채취할 수 있다.
④ 소변을 통하여 **혈액형 감별뿐만 당(糖)단백질 검출** 여하에 따라 범인이 현재 당뇨병환자인지 또는 신장질환자인지를 추정할 수 있다.
  ■ DNA 검사(×)
  ■ 소변은 혈액형 감별로 개인식별에 이용될 뿐이다. (×)

▶▶ 마약류 사건에서 모발검사와 소변검사의 비교

	소변검사	모발검사
장점	• 대부분의 모든 마약류를 감정할 수 있다. • 검사기간이 1~3일 정도 소요된다. • 기소전 신병처리로 이용된다.	• 수개월(6~9개월)이 경과해도 검사가 가능하다. • 투약시기 추정이 가능하다. • 기소 후 증거자료로 활용된다.
단점	• 복용 후 10일 이상 경과하면 검사가 곤란하다. • 투약여부는 알 수 있으나, 투약시기 추정은 불가능하다.	• 필로폰과 MDMA 마약류만 감정이 가능하다. • 검사기간이 10일 이상 소요된다.

⑤ 채취요령

㉠ 의복류에 부착된 소변흔적을 절단하여 그늘에서 말려 보존한다.
■ 의복류에 부착된 소변흔적은 절단하여 햇볕에서 완전히 말린 후에 보존한다. (×)

㉡ 소변의 흔적이 운반할 수 없는 물체에 부착되었을 때에는 흔적 부위를 절단하여 보관하고 절단이 불가능할 때에는 증류수로 적신 거즈 등으로 닦아 그늘에서 보존한다.

㉢ 소변이 흙 또는 눈에 배설되었을 경우 그 부분의 흙 또는 눈을 채취하여 청결한 병에 담아 냉장고에 보존한다.

(7) 대변

① 분뇨검사에 의해서 혈액형, 범인의 생활환경과 섭취음식물의 종류, 사건의 종류 및 상황을 추정할 수 있다.
■ DNA 검사(×), 연령검사(×)

② 대변은 감정목적에 따라 채취방법이 달라져야 하는데, **혈액형 감별**을 요할 때에는 대변의 표면에서 채취하고, **섭취식물의 종류**를 감별할 때에는 대변 내부의 것을 채취한다. 또한 **기생충의 감별**을 요할 때에는 대변의 각 부분을 조금씩 채취한다.

③ 감정목적에 따라 채취된 대변은 **청결한 병 또는 나무상자나 종이상자**(비닐봉지 ×) 등에 담아서 부패되지 않도록 밀봉하여 견고하게 포장하여야 한다.
■ 대변을 채취할 때는 원형 그대로 비닐봉지에 포장하여 송부하여야 한다. (×)

④ 부득이한 경우에는 2개의 유리병에 상당량을 채취하여 그 중 1개는 **10% 포르말린 용액**으로 방부처리하고, 나머지 1개는 원형대로 포장하여 송부하여야 한다.

⑤ 대변의 일부를 채취하여 거즈에 싸서 물을 흘려 통과시키면 세척되면서 유형성분이 남게 된다. 이 유형성분에 대한 육안적 또는 현미경에 의한 관찰로서 음식물의 종류를 추정해 낸다. 그러나 대부분의 소화 잔사물은 그 덩어리가 크건 작건 육안적으로 음식물의 종류를 식별하기는 어렵고 현미경 관찰에 의해서만 가능할 때가 많다.

⑥ 대변의 감정순서는 혈흔, 타액 등과 유사하게 ㉠ 소화잔사물의 관찰 ⇨ ㉡ 화학적 검사에 의한 대변의 증명 ㉢ 사람대변의 증명 ⇨ ㉣ 혈액형 검사의 순으로 실시하여 개인식별을 추정하게 된다.

(8) 치아
　① 지문이 없는 변사의 연령을 측정하는 데 가장 좋은 것은 '치아'이다.
　② 치아에서 육안관찰, 계측에 의하여 성별차를 이용하여 남·여의 구분도 가능하다. 일반적으로 남성의 치아는 여성의 치아에 비하여 크고 길다.
　　　■ 여성의 치아는 남성의 치아에 비하여 먼저 발생하며 또한 그 크기도 크고 길다.(×)
　③ 유치는 모태에 있을 때부터 발생하기 시작하나 생후 6~8개월부터 맹출되기 시작하며, 영구치는 생후 5~6년경에 맹출되면서 유치의 탈락이 시작된다.
　④ 치아를 연구하고 검사하여 범죄수사에 도움을 주는 학문을 법치과학이라고 한다.

제 6 절 유전자 지문

1 유전자와 유전자 지문

(1) 유전자
　① 생물개체의 특징이 자식에게 전해지는 것을 유전이라고 하고, 이와 같은 일을 맡아 하는 것이 유전자(DNA)이다.
　② 유전자는 염색체 위에 존재하는 유전정보를 책임 맡은 유전물질로서 세포에서 세포로 옮겨지고 부모로부터 자식에게 전해진다.

(2) 유전자 지문(DNA Fingerprint)
　① DNA지문이란 수십 수백의 염기쌍이 수만회 같은 방향으로 반복된 구조의 차이를 나타내는 것으로 극도로 개인차가 심하여 모든 검체에서 검출된 패턴이 완전히 다르다.
　② 이 부위는 극도로 개인차가 심하여 모든 사람에게서 검출된 패턴이 완전히 다르며 다만, 일란성 쌍둥이만 동일하다.
　③ 현재까지 법의학에서 감식할 수 있는 방법 중에서 유전자지문 감식이 가장 완전한 개인식별방법이다.
　④ DNA의 '미니새터라이트' 부위의 패턴은 개인에 따라 고도의 특이성을 나타내어 마치 손가락의 지문과도 같이 천차만별이기 때문에 「DNA지문」이라는 용어를 사용하게 되었다.
　⑤ 1개의 DNA 시료를 사용했을 때에 두 사람이 똑 같을 가능성을 보일 확률은 약 3억분의 10이하이다.

2 유전자지문 감식을 필요로 하는 사건

DNA지문 분석법은 고도의 기술을 필요로 하며, 또한 시약 등 비용이 고가이므로 반드시 다음과 같은 경우에 한하여 DNA지문 분석을 의뢰해야 한다.

> ① 혈액형이 동일한 피해자와 피의자가 모두 피를 흘려 흉기 또는 의복 등에 묻은 혈흔이 누구의 혈흔인지 반드시 식별할 필요가 있는 사건
> ② 강간피해자인 여성과 피의자의 혈액형이 동일한 경우 현장에서 검출된 정액이 피의자의 정액인지를 증명할 필요가 있는 사건
> ③ 혈액형 검사만으로 친생자 유무가 증명되지 않는 경우
> ④ 토막 난 사체 유기사건에서 토막 난 사체조직들이 동일인의 조직인지를 식별할 필요가 있는 사건
>   ■ DNA 분석은 정액과 질액이 혼합된 경우는 불가능하다. (×)

3 유전자지문 감식이 가능한 시료 및 양

(1) 유전자지문 감식이 가능한 시료

① 혈흔 및 혈액(심장혈 포함), 정액 및 정액반, 모발(반드시 모발뿌리 세포가 있어야 함), 치아 기타 장기조직편, 손톱·발톱, 대·소변(혈액이 혼합되어 있는 경우), 타액(구강세포가 있는 특수한 경우), 땀 등이다.
  ■ 모근이 없는 두모 (×), 대변·소변 (×), 타액 (×)
  ■ 타액의 경우에는 구강세포가 있는 특수한 경우에 DNA 감정이 가능하다.
  ■ 안경테 코받침대, 오랫동안 사용한 모자 안쪽 면, 칫솔, 신발 바닥면은 유전자 채취가 가능한 곳이다. (×) - 신발 밑창은 가능하나 신발 바닥면은 땀이 흡수되지 않으므로 유전자 채취 불가능하다.

② 혈흔과 정액반은 건조된 상태에서 냉장보존했을 경우에 1~2년 경과한 후에도 DNA 분석이 가능하다.
  ■ 혈흔과 정액반은 건조된 상태에서 냉장보존했을 경우에 1~2년 경과한 후에도 DNA 분석이 불가능하다. (×)

③ 용혈된 혈액, 부패·희석·오염된 혈흔, 혈액, 정액(반), 오래 방치된 장기조직편 등에서는 DNA 분석이 불가능할 때가 많다.

(2) 유전자지문 감식에 필요한 시료의 양

신선혈흔 및 정액반의 경우 1cm × 1cm 크기(DNA 증폭실험의 경우), 혈액 2ml이상, 모근 부착 머리카락 최소한 3개 이상, 인체조직 5g 이상이 있어야 한다. 단, 시료의 양은 보존상태, 보존환경, 경과일수 등에 따라 더 많은 시료의 양을 필요로 하기도 한다.
  ■ 인체조직의 경우 시료의 양은 극소량이라도 상관없으나 신선하게 유지해야 하며 그늘에 말려 EDTA용기에 담아 보존한다. (×)

4 증거물 채취 및 보존요령

(1) 유동혈액은 항응고제인 EDTA가 들어 있는 시험관에 채혈하여 서늘한 곳에 보존·운반해야 한다.

(2) 여름철의 경우에 부패되기 쉬운 혈액 및 정액은 빠른 시간 내에 면천조각(또는 거즈)에 전사하여 그늘(양지 ×)에서 완전히 건조시킨 다음 종이봉투(비닐봉투 ×)에 넣어 운반한다. 혈흔이나 정액반은 증류수를 깨끗한 거즈에 소량 적신 다음 채취, 그늘에서 건조시켜서 통풍이 잘 되는 규격봉투에 넣어서 신속히 송부한다.

(3) 모발은 특히 뿌리세포가 다치지 않도록 주의를 기울여 채취·운반해야 한다. 따라서 스카치테이프로 모근 부위를 단단히 고정해서는 안 된다.
   ■ 모발의 경우 스카치테이프로 모근부위를 단단히 고정한 후 포장한다.(×)

(4) 정액반 여부를 검사하는 예비시약인 SM테스트 시약은 **최소량**을 사용하여야 한다.

(5) 혈흔예비시험에 사용되는 루미놀시약을 너무 많이 분무하면 유전자형 분석에 장애가 되므로 루미놀 시약은 **최소량**을 분무하는 것이 바람직하다.
   ■ 혈흔예비시험 시 사용되는 루미놀시약을 많이 분무하면 유전자형 분석에 도움을 준다.(×)

5 유전자 감식의 장·단점

(1) 장점
   ① 신뢰도가 극히 높아 강력범죄의 증거로 활용이 용이하다.
   ② 혈액, 혈흔, 정액, 모발, 장기, 뼈 등 모든 분비물 및 조직에서 DNA검출이 가능하고 이론상 세포로 이루어진 감정물이라면 무엇이든 감식이 가능하고 미량의 시료로도 감식이 가능하다.

(2) 단점
   ① 유전자 분야를 전공한 전문 감정가와 고가의 전문시설이 필요하다.
   ② 감식기일이 5~20일 정도 소요되어 단시일 내에 확인하기 곤란하다.

➤ 긴급감정제도의 대상사건

- 수사본부 설치·운영 사건 중 수사본부장이 긴급감정의뢰가 필요하다고 인정하는 사건
- 연쇄강간, 마약관련사건 등 용의자 신병이 확보되어 긴급감정을 통한 범죄 구증이 아니면 체포시한이 도과될 우려가 있는 사건
- 연쇄살인 또는 5건 이상의 연쇄강간 사건
  - ▣ 연쇄살인 또는 3건 이상의 연쇄강간 사건인 경우 국립과학수사연구소에서 다른 증거물보다 우선적으로 감정을 실시하는 긴급감정제도의 대상 사건이다. (×)
- 기타 지방경찰청장이 사건의 중요도 또는 사회적 파장을 고려하여 긴급감정이 필요하다고 지정한 사건

➤ 과학적범죄분석시스템(SCAS)

- 입력한 사건에 대한 KICS 사건 보고서 열람
- 경찰청 지문 감정의뢰서 입력
- 현장 사진 입력 및 조회
  - ▣ 동일수법 전과자 검색(×) - 수사종합검색시스템(CRIFISS)에서 가능

➤ 디엔에이신원확인정보의이용및보호에관한법률

1 목적과 연혁

이 법은 디엔에이신원확인정보의 수집·이용 및 보호에 필요한 사항을 정함으로써 범죄수사 및 범죄예방에 이바지하고 국민의 권익을 보호함을 목적으로 하고, 범죄자 DNA 데이터베이스 제도를 **세계에서 최초로 도입한 나라는 영국**이다.

▣ 2010. 1. 25 공포된 법률로 살인·강도·강간 등 재범가능성이 높은 11개 유형 범죄자들의 DNA를 국가가 관리하여 여죄수사 등 수사에 활용될 수 있도록 제정된 법률은 디엔에이신원확인정보의 이용 및 보호에 관한 법률이다. (○)

2 용어의 정의(제2조)

① "디엔에이"란 생물의 **생명현상에 대한 정보가 포함된 화학물질인** 디옥시리보 핵산(Deoxyribonucleic acid, DNA)을 말한다.

② "디엔에이감식시료"란 사람의 혈액, 타액, 모발, 구강점막 등 디엔에이감식의 대상이 되는 것을 말한다.

③ "디엔에이감식"이란 개인 식별을 목적으로 디엔에이 중 유전정보가 포함되어 있지 아니한 특정 염기서열 부분을 검사·분석하여 디엔에이신원확인정보를 취득하는 것을 말한다.

④ "**디엔에이신원확인정보**"란 개인 식별을 목적으로 디엔에이감식을 통하여 취득한 정보로서 일련의 숫자 또는 부호의 조합으로 표기된 것을 말한다.

▣ 개인 식별을 목적으로 디엔에이 감식을 통하여 얻어지는 정보로서 일련의 숫자 혹은 부호의 조합으로 표기된 것을 디엔에이감식키트라고 한다. (×)

⑤ "디엔에이신원확인정보데이터베이스"(이하 "데이터베이스"라 한다)란 이 법에 따라 취득한 디엔에이신원확인정보를 컴퓨터 등 저장매체에 체계적으로 수록한 집합체로서 개별적으로 그 정보에 접근하거나 검색할 수 있도록 한 것을 말한다.

▣ 데이터베이스에 수록되는 디엔에이신원확인정보에는 개인 식별을 위하여 필요한 **사항외의 정보 또는 인적사항이 포함되어서는 아니 된다**.

3 디엔에이신원확인정보의 사무관장(제4조)

① **검찰총장**은 수형인등으로부터의 디엔에이감식시료 채취한 디엔에이감식시료로부터 취득한 디엔에이신원확인정보에 관한 사무를 총괄한다.
- ▣ 수형인으로부터 채취한 디엔에이감식시료로부터 취득한 디엔에이신원확인정보에 관한 사무를 총괄하는 자는 경찰청장이다. (×)

② **경찰청장**은 구속피의자등으로부터의 디엔에이감식시료 채취 및 **범죄현장**등으로부터의 디엔에이감식시료 채취에 따라 채취한 디엔에이감식시료로부터 취득한 디엔에이신원확인정보에 관한 사무를 총괄한다.
- ▣ 2010. 8. 8 서울 관악서에서 강간으로 구속된 피의자의 DNA를 관리하는 총괄 주체는 서울지방경찰청장이다. (×)
- ▣ 경찰청장은 수형인 및 구속피의자로부터 채취하거나 범죄현장에서 채취한 디엔에이감식시료부터 취득한 디엔에이신원확인정보에 관한 사무를 총괄한다. (×)

③ 검찰총장 및 경찰청장은 데이터베이스를 서로 연계하여 운영할 수 있다.
- ▣ 경찰청장과 검찰총장은 인권침해 방지를 위하여 디엔에이신원확인정보의 데이터베이스를 서로 연계하여 운영할 수 없다. (×)

4 적용대상범죄(제5조)

① 「형법」 제2편 제13장 **방화와 실화**의 죄 중 제164조, 제165조, 제166조 제1항, 제167조 제1항 및 제174조(제164조 제1항, 제165조, 제166조 제1항의 미수범만 해당한다)의 죄
② 「형법」 제2편 제24장 **살인**의 죄 중 제250조, 제253조 및 제254조(제251조, 제252조의 미수범은 제외한다)의 죄
③ 「형법」 제2편 제31장 **약취와 유인**의 죄 중 제287조부터 제289조까지와 제292조(제291조의 약취 또는 유인된 자를 수수 또는 은닉한 경우는 제외한다), 제293조 및 제294조[제291조, 제292조(제291조의 약취 또는 유인된 자를 수수 또는 은닉한 경우만 해당한다)의 미수범은 제외한다]의 죄
④ 「형법」 제2편 제32장 **강간과 추행**의 죄 중 제297조부터 제301조까지, 제301조의2, 제302조, 제303조 및 제305조의 죄
⑤ 「형법」 제2편 제38장 **절도와 강도**의 죄 중 제330조, 제331조, 제332조(제331조의2의 상습범은 제외한다)부터 제342조(제329조, 제331조의2의 미수범은 제외한다)까지의 죄 - 단순절도(제329조) 제외
⑥ 「폭력행위 등 처벌에 관한 법률」 제2조(같은 조 제2항의 경우는 제외한다), 제3조부터 제5조까지 및 제6조(제2조 제2항의 미수범은 제외한다)의 죄
⑦ 「특정범죄가중처벌 등에 관한 법률」 제5조의2 제1항부터 제6항까지, 제5조의4 제1항부터 제3항까지 및 제5항, 제5조의5, 제5조의8, 제5조의9 및 제11조의 죄
⑧ 「성폭력범죄의 처벌 등에 관한 특례법」 제3조부터 제11조까지 및 제14조(제13조의 미수범은 제외한다)의 죄
⑨ 「마약류관리에 관한 법률」 제58조부터 제61조까지의 죄
⑩ 「아동·청소년의 성보호에 관한 법률」 제7조, 제9조, 제10조 및 제11조(같은 조 제3항의 경우는 제외한다)의 죄
⑪ 「군형법」 제53조제1항, 제59조제1항, 제66조, 제67조 및 제82조부터 제85조까지의 죄
- ▣ 체포·감금 (×), 감금치상 (×), 단순절도 (×)
- ▣ 야간주거침입절도, 특수절도 (○)

5 범죄현장등으로부터의 디엔에이감식시료 채취(제7조)

검사 또는 사법경찰관은 다음 각 호의 어느 하나에 해당하는 것(이하 "범죄현장등"이라 한다)에서 디엔에이감식시료를 채취할 수 있다.
① 범죄현장에서 발견된 것
② 범죄의 피해자 신체의 내·외부에서 발견된 것
③ 범죄의 피해자가 피해 당시 착용하거나 소지하고 있던 물건에서 발견된 것
④ 범죄의 실행과 관련된 사람의 신체나 물건의 내·외부 또는 범죄의 실행과 관련한 장소에서 발견된 것

6 디엔에이감식시료채취영장(제8조)

① 검사는 관할 지방법원 판사(군판사를 포함한다. 이하 같다)에게 청구하여 발부받은 영장에 의하여 제5조 또는 제6조에 따른 디엔에이감식시료의 채취대상자로부터 디엔에이감식시료를 채취할 수 있다.
② 사법경찰관은 검사에게 신청하여 검사의 청구로 관할 지방법원판사가 발부한 영장에 의하여 제6조에 따른 디엔에이감식시료의 채취대상자로부터 디엔에이감식시료를 채취할 수 있다.
③ ①과 ②의 채취대상자가 동의하는 경우에는 영장 없이 디엔에이감식시료를 채취할 수 있다. 이 경우 미리 채취대상자에게 채취를 거부할 수 있음을 고지하고 서면으로 동의를 받아야 한다.
 ■ 판사의 영장없이는 채취 대상 범죄자로부터 디엔에이 감식시료를 채취할 수 없다. (×)
 ■ 형사 B는 내연녀를 살해하였다고 순순히 자백하는 피의자로부터 구두로 동의를 구하고 구강 상피세포를 채취한 경우 올바른 수사활동이다. (×)
 ■ 형사 A는 성폭력피해자인 B로부터 구두로 동의를 구하고 산부인과에서 질 내용물을 채취하였다. (○)
  - 피의자가 아닌 피해자

7 디엔에이감식시료의 폐기(제12조)

디엔에이신원확인정보담당자가 디엔에이신원확인정보를 데이터베이스에 수록한 때에는 제5조 및 제6조에 따라 채취된 디엔에이감식시료와 그로부터 추출한 디엔에이를 지체 없이 폐기하여야 한다.
 ■ 채취한 디엔에이 감식시료는 데이터베이스 수록 후에도 일정기간 보관하여야 한다. (×)

8 벌칙(제17조)

① 디엔에이신원확인정보를 거짓으로 작성하거나 변개(變改)한 사람은 7년 이하의 징역 또는 2천만원 이하의 벌금에 처한다.
② 이 법에 따라 채취한 디엔에이감식시료를 인멸, 은닉 또는 손상하거나 그 밖의 방법으로 그 효용을 해친 사람은 5년 이하의 징역 또는 700만원 이하의 벌금에 처한다.
③ 제15조를 위반하여 디엔에이감식시료 또는 디엔에이신원확인정보를 업무목적 외에 사용하거나 타인에게 제공 또는 누설한 사람은 3년 이하의 징역 또는 5년 이하의 자격정지에 처한다.
④ 다음 각 호의 어느 하나에 해당하는 사람은 2년 이하의 징역 또는 500만원 이하의 벌금에 처한다.
  1. 거짓이나 그 밖의 부정한 방법으로 디엔에이신원확인정보를 열람하거나 제공받은 사람
  2. 제11조에 따라 회보된 디엔에이신원확인정보를 업무목적 외에 사용하거나 타인에게 제공 또는 누설한 사람
⑤ 디엔에이신원확인정보담당자가 정당한 사유 없이 제12조 또는 제13조를 위반하여 디엔에이감식시료와 추출한 디엔에이를 폐기하지 아니하거나 디엔에이신원확인정보를 삭제하지 아니한 때에는 1년 이하의 징역이나 금고 또는 3년 이하의 자격정지에 처한다.
 ■ 디엔에이감식업무 또는 디엔에이신원확인정보 관리 업무에 종사하는 자가 디엔에이신원확인정보를 허위로 작성하거나 변개한 때에는 7년 이하의 징역 또는 2천만원 이하 벌금에 처한다. (○)

제 7 절 법화학

I. 화학적 감정

1. 화학적 감정의 의의

화학적 감정이란 각종 테러사건, 가스중독사건, 본드류 흡입사건, 폭발물사건, 음주 후 교통사고 등 다양한 범죄가 발생했을 때 증거제시 및 사건의 공정한 해결을 위하여 자연과학의 전반적인 지식을 응용하는 학문으로서, 감정 대상물에 대하여 화학적 특성, 구성 성분 및 합성경로의 특징적인 불순물 등을 분석하여 범죄사건의 수사에 도움을 주는 과학수사 분야이다.

> **실무에서 화학적 감정을 주로 사용하는 경우**
> ① 음주운전에서 혈중알콜농도 측정
> ② 비소, 수은 등의 중독사건의 경우
> ③ LPG, LNG, 일산화탄소 중독사건
> ④ 본드, 부탄가스 등 흡입사건
> ⑤ 청산가리, 쥐약 음용 자살사건
> ⑥ 폭발사건에서 폭약의 종류감별
> ⑦ 각종 폐수 오염여부 등
>   ■ 교통사고에 있어서 접촉방향 감정(×)

2. 화학적 감정의 대상

화학적 감정의 대상은 유해화학물질, 폭발성 물질류, 환경오염 물질류 등이다.

(1) 유해화학물질

1) 화학물질
   ① 원소와 화학반응에 의하여 생성되는 물질을 말한다.
   ② 주로 감정의 대상이 되는 화학물질에는 알코올류(메틸알코올, 에틸알코올), 청산류(Hydrogen Cyanide), 산.알칼리류(Acid and Alkalies), 살서제류(Rodenticides : 쥐약), 유해성금속류(비소, 수은, 납, 크롬, 금, 은, 동 등), 할로겐화 탄화수소(Halogenated Aliphatic Hydrocarbond), 환각성 유기용매류, 연료용 가스류(액화석유가스, 액화천연가스 등), 일산화탄소(Carbon Monoxide), 유화수소 등이 있다.

2) 유독물

① 유독물은 건강에 또는 환경에 위해를 미칠 독성이 이는 화학물질을 말한다.
② 유독물에는 톨루엔, 황산칼륨 등 425종이 지정되어 있다.
③ 특정유독물은 유해정도가 크다고 인정되는 유독물을 말한다. 특정유독물에는 삼산화비소, 질산칼륨 등 94종이 지정되어 있다.

■ **유독물에서 제외되는 것**: 방사성 물질, 의약품 및 의약부외품, 화장품, 마약, 향정신성의약품, 농약, 비료, 사료, 식품 및 식품첨가물, 독성가스

▶ 유해화학물질의 중독증상

- 메틸알코올(methyl alchol) 중독증상은 생체 내에서 산화되어 독성이 강한 개미산 등으로 변하여 **시력장애 및 실명**이 되게 한다.
- 에틸알코올(ethyl alchol)의 치사량(LD50)은 0.5%이며 호흡억제로 사망한다.
- 청산류(Hydrogen Cyanide) 중독증상은 세포내 산화환원기능에 장애를 가져와 호흡마비로 인하여 사망한다.
- 일산화탄소(Carbon Monoxide)는 혈액중의 헤모글로빈과 결합하는 힘이 산소보다 약210배가 강하므로 미량에서도 헤모글로빈과 결합하여 CO-Hb를 형성하므로 혈액의 산소운동능력을 저하시켜 조직 내 산소결핍을 초래하게 된다. 일산화탄소중독의 순환혈액을 감정하면 혈액 내에 포함되어 있는 일산화탄소 검출이 용이하므로 **혈액이 분석시료로 가장 적당하다**.
- 프로판가스를 액상에 접촉 시 화상 또는 동상의 위험이 있으며 고농도 폭로시 기능장애(마취성)가 있으며 산소분압이 낮아져 질식성 장애를 일으키게 된다.
  ■ 일산화탄소 접촉 시 화상 또는 동상의 위험이 있고 질식성 장애를 일으키게 된다. (×)
- 아비산은 금속류 중 대표적인 독물로서 유리산업, 세라믹 및 유기비소 화합물체 등에 이용되고 약 80%는 살서제나 살충제로 이용된다.

(2) 폭발성 물질류

폭발성 물질류에는 고성능 폭약류(High Explsive : Nitric 화합물, Nitric Ester, Nitramines, Nitric, Chloric 및 Perchloric Acid 염 등), 저성능 폭약류, 산업용폭약류(Mining Explosive), 뇌관화약류, 화학가스(Chemical Gas) 등이 있다.

■ 알코올(×), 각종 폐수(×), 폐기물(×), 유해성금속류(×), 살서제류(×), 일산화탄소(×)

(3) 환경오염물질

환경오염 물질류는 각종 산업체에서 배출되는 폐수 및 폐기물에 의한 농작물 및 양어장의 피해 여부나, 상수도원의 오염여부 및 폐기물의 종류·성분 등에 대한 감정의 경우에 화학적 감정의 대상이 된다.

< 과학수사론 Theory of Scientific Investigation >

Chapter 과학수사

3 감정대상 물질

(1) 유해물질 중독사건

소화관내용물 (4℃보존)	위 내용물 및 위 세척액 약 100g 정도를 채취하고 전반적인 유해화학물질의 확인 및 정량을 실시한다.
혈액(4℃보존)	체액에 오염되지 않은 순환혈액을 50ml이상 채취하여 각종 유해화학물질의 정량과 특히, 혈중알코올, 일산화탄소, 청산, 유화수소, 환각성 환각성용매류, 수은 및 납 등 유해성 중금속류에 대한 정량을 실시하여 중독 여부를 판단한다.
뇨(동결보존)	전량을 채취하여 혈액보다 함량이 높은 유해화학물질의 체내대사물질을 확인하고 정량을 실시한다. ■ 뇨는 전량을 채취하여 상온에서 보존한다. (×)
간장(동결보존)	주 해독장기로 많은 유해물질이 축적되므로, 특히 유해성 중금속류 등을 확인하고 정량한다.
뇌(동결보존)	Toluen, Ethylacetate와 같은 휘발성이 강한 유기용매류의 흡입에 의한 중독시 혈액보다 높은 함량이 유지되므로 감정시료로 적합하다.
기타	콩팥, 폐(유해가스 흡입사건의 경우), 모발 및 손톱(비소 및 수은과 같은 유해성 중금속류의 만성 중독사건의 경우)

■ 동결보존 - 뇨, 간장, 뇌

(2) 휘발성 물질 흡입사건

사용된 각종 본드류, 구두약, 비닐용기 등의 유류품 및 뇨, 혈액(4℃이하에서 보존된 혈액 5ml이상), 뇌조직(채취 가능한 것) 등을 채취해야 한다. 휘발을 방지할 수 있도록 **밀봉 포장**하여야 한다.

(3) 교통사고

정확한 혈중 알콜농도의 측정을 위해 채취된 운전자의 혈액은 부패 및 응고방지처리를 하여 송부하여야 한다. 혈중 알코올 농도를 측정함에 있어서는 채취된 혈액을 **알코올로 처리해서는 안 된다**.

(4) 폭발사고

① 폭발성 물질류의 분석목적은 제조과정까지 포함하여 폭발물의 형태를 유추하기 위한 것이다. 폭발사건 발생 시 화약의 종류를 식별하는 것은 중요한 과제이다.
② 일반적으로 폭발생성물, 잔사 및 미반응 폭약에 대한 감정시료로는, 특히 폭심 부근의 토양, 파편의 표면에 부착된 잔사 및 미세한 흔적물질을 여러 가지 채취한다.
③ 이동이 불가능한 증거물의 유기물 성분은 아세톤 및 에테르에 적신 탈지면으로 닦아내고, 무기물 성분은 가온시킨 증류수(물 ×)에 적신 탈지면으로 잘 닦아서 채취한다.

(5) 총기사고

총기발사 잔여물은 두 가지로 분류된다. 목표물에서의 잔류량과 발사자의 손 및 옷 등에서의 잔류량이다.

(6) 환경오염사고

폐기물의 잔여량, 주변의 토양·물 및 피해를 입은 농작물 등을 송부한다. 폐수인 경우에는 세척된 용기에 4ℓ 정도 채취 후 채취년월일, 장소, 수역명칭 및 생산품목 등 참고가 될 자료를 명시하여 송부하여야 한다.

(7) 농약류 사고

① 감정의 신속을 위해서는 현장에 유류된 공병 또는 농약병이 표기된 라벨 등도 반드시 수집하여 송부한다.
② 콩나물 등에서 농약류의 감정은 콩나물 재배과정의 발아된 콩, 사용추정약물을 함께 채취한다.
③ 양어장이나 음용수에 농약이 살포된 경우 오염되지 않은 유리병이나 플라스틱병에 충분량(100ml)의 물을 채취해야 하며, 물고기를 채취할 경우 물고기의 내장이나 아가미(비늘 ×)가 그 대상이 된다.

》 감정물의 필요한 최소량

감정물	필요한 최소량	감정물	필요한 최소량
혈액	0.5mg	정액	3mg 이상
위내용물, 뇨, 담즙	전량	타액	3ml 이상
뇌	500g, 반구전체	모발	4cm 3개 이상
심장	전체	손톱(비소, 수은중독)	10g 이상
간장	500g	독물	100g 이상
폐	좌우 각 50g 이상	시필(試筆)	10통 이상
콩팥	좌우 각 50g 이상	시인(試印)	20회 이상 날인
근육, 지방	200g		

< 과학수사론 Theory of Scientific Investigation >

 과학수사

Ⅱ 약독물 감정

1 약품의 구분

(1) 사용량에 따른 구분

통상량(상용량)	치료의 목적으로 사용하는 보통량(일반적으로 극량의 1/3)
극량	위험성 없이 사용할 수 있는 최대량
중독량	중독상태를 나타내는 최소량
치사량	사망에 이를 수 있는 최소량

(2) 종류

독약	극량과 차이가 적은 약품
극약	극량과 중독량의 차이가 비교적 적은 약품
보통약	극량과 중독량의 차이가 많은 약품

■ 일반적으로 극약이 독약보다 독성이 강한 것으로 생각되나, 실제로는 독약이 극약보다 독성이 강하다.

2 독물의 중독작용별 분류

종류	증상	독물
부식독	조직에 접촉되면 특히, 단백질을 괴사시켜 국소적인 부식을 초래하는 독물	산(황산, 염산, 질산, 초산 등)과 알칼리(NaCl, KCl)
실질독	속찬기관의 세포에 침범해 대사(代射)를 장애하고 여러 가지 변성괴사를 일으킴	수은, 승홍(昇汞), 아비산, 황인
효소독	특이한 효소계에 특이적으로 작용(ATP생성 저해 등)하는 독물	유기인제류(parathion 등), 황화수소
혈액독	체내에 흡수되어 혈액 중 헤모글로빈과 결합하므로 그 기능이 상실됨	청산, 청산가리, 청산소다, 일산화탄소(CO), 유화수소
신경독	신경계, 특히 중추신경계의 기능을 장애하는 독물	에테르, 클로로포름, 복어독, 알카로이드류, 알코올
자연	우리 생활 주변에서 흔히 볼 수 있는 동·식물이 포함하고 있는 독물로서, 그 작용에 따라 위의 실질독, 혈액독, 신경독 등으로 분류한다.	독버섯, 복어독 등

3 약독물 감정의 주요대상

(1) 의약품

① 자살 또는 타살이 목적으로 사용될 수 있는 의약품으로 주로 신경안정제나 수면제가 있다.
② 로라제팜, 디아제팜 등의 신경안정제는 향정신성 의약품으로 지정되어 있으며, 다량 복용하면 위험하다.
  ■ 로라제팜, 디아제팜 등의 신경안정제는 보통 약품으로 지정되어 있으나 극히 소량만 복용하여도 치명적이다. (×)
③ 드링크제나 오렌지주스 등에 수면제나 신경안정제 같은 약물을 타서 피해자에게 마시게 하여 정신을 잃게 한 후 범죄를 일으키는 경우가 있다.
④ 독실아민 등의 수면제는 쉽게 구할 수 있는 성분으로서 이로 인해 사망하는 경우가 많다.

(2) 마취제류

마취제류에는 에테르, 클로로포름 등이 있다.

(3) 고가 한약재

① 고가 한약재(생약)에는 웅담, 사향, 녹용 등이 있다.
② 웅담(곰 쓸개)에는 우르소데옥시콜린산이라는 담즙산이 함유되어 있으며, 저담(돼지쓸개)에는 히오데옥시콜린산이 함유되어 있고, 우담(소쓸개)에는 데오시콜린산이 다른 쓸개보다 많이 함유되어 진품을 구별할 수 있다.

(4) 독성 한약재

독성 한약제에는 부자(천오두, 초오), 스코폴리아근(랑탕근, 미치광이풀), 호미카(마전자) 등의 알칼로이드 함유식물들이 있다.

(5) 복어독

① 복어의 알이나 내장 중에 있는 **테트로도톡신**이라는 성분은 독성이 매우 강하여 미량만 먹어도 사망에 이르는 물질이다.
② 생체 시료 중 복어독의 확인은 위 내용물을 산으로 처리한 에틸알코올로 추출한 후 단백질, 지방 등을 제거하여 시료를 정제한 다음 쥐에게 주사하여 판정한다.

(6) 식품 및 한약재 중 잔류농약의 검출

식품 중에는 콩나물 재배시 부패 및 변질을 막기 위해 불법으로 농약(Benzimidazole계)을 사용하고 있는데, 농약의 검출방법을 개발하여 콩나물 중 미량의 농약성분(Carbendazim)을 검출하는데에 적용하고 있다.
  ■ 농약류 성분을 검출하기 위해서는 양어장에서 물고기 비늘을 채취하여 송부한다. (×)

(7) 고가 한약재

고가 한약재에는 웅담, 사향, 녹용 등이 있다.

(8) 주류

가짜 위스키

(9) 천연식품

천연벌꿀, 참기름, 로얄제리, 효소식품 등이 있다.

4 약독물 감정물 채취요령

약물·독물분석용 시료에는 부패방지를 위한 알코올·포르말린 등을 사용해서는 절대 안 된다. 특히, 일산화탄소 등의 가스중독사 여부나 주취정도를 측정할 경우에는 감정물에 어떠한 물질도 첨가해서는 안 된다.

(1) 자·타살 사건의 경우

① 피해자의 중독증상을 본 사람의 증언, 부검소견, 사건개요 등을 감정인에게 알려 준다.
② 사건현장에서는 음독약물이나 음식물의 잔여품, 구토물, 용기, 약포장지 등 독물이 함유 또는 부착되었을 것으로 사료되는 모든 물건을 채취토록 한다.
③ 감정목적이 약물, 독물, 일산화탄소 등의 중독사 여부나 주취정도를 측정할 경우에는 감정물에 어떠한 물질도 첨가해서는 안 된다.
   ■ 알코올을 첨부하여 (×), 방부제를 첨부하여 (×)
④ 매장되었던 사체에서 채취할 경우에는 관의 내부에 칠한 페인트류, 관의 외측 위·아래의 흙 등도 대조시험용으로 채취한다.

(2) 사고로 인한 중독 또는 치사사건의 경우

① 자·타살사건의 증거물 이외에 피해자가 복용하였던 시판음식물, 청량음료, 주류, 의약품, 식품첨가물, 화공약품, 농약류 및 쥐약 등도 수집하여야 한다.
② 의료 및 약화사고 시비사건의 경우에는 치료에 사용되었던 모든 조제약, 주사약, 수액세트, 주사기 등과 조제약에 대한 처방전을 함께 송부한다.

(3) 수면제 및 마취제류의 경우

① 에테르·클로로포름 등과 같은 흡입마취제류는 휘발성이 매우 강하므로 이들이 묻어 있는 탈지면, 수건 또는 사용하였던 용기류 등은 반드시 밀폐용기에 넣고 포장한다.
② 마취범죄와 관련된 주스캔, 요구르트병, 드링크제류, 빨대, 먹다 남은 비스켓류 등을 채취하여 적은 양이라도 소실되거나 오염되지 않도록 포장하여 송부한다.
   ■ 마취강도현장에서 채취한 수건을 종이봉투에 담아 감정인에게 송부하였다. (×)

(4) 가스중독사의 경우

피해자의 혈액, 뇨, 뇌 및 사건현장 주위의 공기를 비닐봉지 등에 채취하여야 하며, 가스의 발생요인이 될 수 있는 물질도 수집하여야 하고, 일산화탄소 중독사의 경우 가장 좋은 시료는 혈액이다.

(5) 한약재류에 의한 중독 및 중독사의 경우

치료에 사용된 한약재, 사용용기, 한약 등을 채취하고, 한약재 처방전도 함께 송부한다.

(6) 고가 한약재의 진위여부

웅담, 우황, 사향, 녹용 등의 진위여부는 충분량의 시료(약200g)와 **진품**을 함께 송부한다.

(7) 복어 중독의 감정

복어의 알이나 내장 모두를 채취하고 사망자의 위내용물(전부), 혈액(200g이상), 뇨(전량)를 채취하여 송부한다.

(8) 불량식품류의 감정

충분한 시료를 수집하고 해당 식품의 일반성분분석표를 같이 송부하여야 하며, 불량식품 제조과정에서 사용한 각종 첨가물을 수집하여 표기하고 각각 포장하여 송부한다.

(9) 주류 및 청량음료 등의 감정

주류 및 청량음료 등의 유해성 여부 및 진위여부를 감정·의뢰하고자 할 때에는 반드시 완전 포장된 진품을 함께 의뢰한다.

(10) 천연식품의 진위여부

벌꿀, 참기름, 고춧가루 등의 진위여부는 충분량의 시료(200g)와 **진품**을 동시에 송부한다.

▶ 시체부검 결과 중독사의 혐의가 있을 경우 채취하여야 할 감정물

감정물의 종류	채취량
위 내용물, 뇨	전량
혈 액	100g 이상
간, 비장, 신장	각 100g 이상
십이지장, 소장 내용물, 뇌 및 심장	일부

< 과학수사론 Theory of Scientific Investigation >

 과학수사

제 8 절 법물리학

I. 물리학적 감정

1. 개념

(1) 물리학적 감정이란 법과학에서 어떤 물체를 감정하여 그 물체가 무엇인지, 동일한지, 변형된 원인이 무엇인지, 흔적이 어떻게 형성된 것인지 두 흔적이 동일한지 수사상 필요한 의문점을 알아내는 방법을 말한다.

(2) 물리학적 검사법으로 감정할 수 있는 것

> ① 섬유직물의 동일성 여부
> ② 금고절도에 있어서 금고의 파괴에 사용된 공구의 식별
> ③ 화재사건에 있어서 발화부의 물적 증거에 대한 감정
> ④ 교통사고에 있어서 용의차량과 피해차량의 접촉여부 감정 등

(3) 교통사고현장에 나타나 있는 윤적(輪跡)이나 피해자 의류상에 나타나 있는 선명한 정적 윤적과 용의차량의 윤적 비교는 '형태학적 비교'로 가능하나, 의류상에 나타나 있는 불분명한 윤적이 용의차량에 의한 것인지의 감정은 '형태학적 감정'과 함께 '이화학적 분석'을 함께 실시하여야 한다.

2. 물체의 동일 여부 감정

(1) 범인임을 증명하는 결정적 증거

① 휴지, 섬유, 장갑, 포박용 철사, 나일론끈 등 현장에 유류된 물체와 용의자가 가지고 있는 관련될만한 물체와의 동일 여부는 범인임을 증명하는 결정적 증거가 될 수 있다.
② 끈의 경우에는 같은 종류가 얼마든지 산재해 있을 수 있기 때문에 용의자가 소지한 것과 범행에 사용된 것이 동일한 종류의 것이라 하더라도 특별한 경우가 아니면 결정적 증거가 될 수 없다.
■ 피해자를 묶었던 끈과 동일한 종류의 것이라는 증명이 있으면 결정적인 증거가 될 수 있다. (×)

(2) 물체의 동일 여부 감정방법

외관(색상, 형태), 규격, 구성 성분 및 물리적 성질(빙점, 융점, 탄성, 전기전도성, 열전도성, 연소성, 비중, 밀도, 굴절률, 자성 등)과 함께 흔적을 비교하게 된다.

(3) 분산여부 감정방법

두 감정물이 한 개의 물체이었는데 분산된 것인지를 감정·의뢰하고자 할 때 수거된 전량을 손상이나 변형 없이 송부하여야 한다.
- ■ 물리학적 검사법으로 두개골과 치아를 이용하여 개인을 식별할 수 있다. (×)

3 흔적의 동일여부 감정

(1) 동적흔적과 정적흔적

	동적흔적	정적흔적
개념	형태와 상호접촉에 의하여 부착될 수 있는 물질의 비교 검사를 병행	흔적의 형태만의 비교로 가능
예	필적, 공구흔, 흉기흔, 충격흔	인영, 윤적, 지문, 총기발사흔, 족적, 치흔

(2) 증거물 채취

① 건물자체와 같이 유류흔적을 포함한 물체가 너무 커서 운반하기 곤란할 때에는 그 모형을 떠서 의뢰한다.
- ■ 건물자체와 같이 유류흔적을 포함한 물체가 너무 커서 운반하기 곤란할 때에는 그 부분을 잘라서 감정의뢰한다. (×)

② 공구의 고유흔적 식별이나 충격 및 접촉 여부를 감정하고자 하는 증거물은 오염시키거나, 부착물질을 세제 등으로 제거하지 말고, 원형 그대로 송부하여야 한다.
- ■ 공구흔, 접촉흔, 충격흔 감정의뢰시 부착물질을 세제등으로 제거하여 송부하여야 한다. (×)

③ 의류와 비교하여 동일여부를 감정할 때에는 의류자체를 송부하여야 한다.
④ 섬유동일성 감정에 있어서 증거물이 미량인 경우에는 특히 오염에 유의하여 스카치테이프 등으로 고정하여 송부한다.

4 화재사고의 감정

(1) 개념

① 화재사고는 어떤 발화원인에 의하여 가연물로 된 재산이 연소되어 인적·물적 피해를 입은 것을 말한다.
② 화재의 원인은 천태만상이어서 그 원인규명이 어렵다. 화재감식에는 물리학·화학 등의 과학적인 전문지식이 널리 필요하다.
- ■ 화재의 원인은 정형화 되어있으므로 원인규명이 비교적 용이하다. (×)

③ 화재감식에 있어서는 증거물이 희박하고 인과관계를 명확하게 밝혀내기 어렵기 때문에 제3자나 이재(罹災)관계자들이 볼 때에는 독단적이고 편향적이라고 생각할 수 있는 특수성이 있다.
- ■ 화인조사에 대한 결과는 제3자나 이재관계자들이 볼 때도 공정하고 객관적이라고 생각된다. (×)

④ 화재감식에는 물리학, 화학 등의 과학적인 전문지식이 필요하다.
　　▣ 화재감식에는 그 특성상 과학의 이용이 극히 제한적이다. (×)

(2) 감정의 과정

① 현장감식자가 화재현장에서 연소흔적, 목격자 진술, 소방관계자의 증언 등을 토대로 최초 연소부위를 결정한다.
　　▣ 최초의 연소부위는 목격자 진술에만 의존하여 결정될 수 밖에 없다. (×)
② 최초 연소부위에서 발화와 관련이 있을 만한 감정물을 수거한다.
③ 수거된 감정물에서 과연 발화되었는지, 발화되었다면 어떤 원인에 의한 것인지가 감정·의뢰된다.

(3) 증거물 채취

① 촉매제로 사용된 부스러기 수거물은 가능한 한 빨리 밀폐된 용기에 넣어야 한다.
② 발화지점 근처에서 불에 탄 상태가 심하지 않은 부위(심한 부위 ×)에서 우선적으로 채취한다.
③ 화재현장에서 발견된 액체는 밀폐된 용기에 담는다.
④ 전기배선에서의 전기적 발열에 의한 발화 여부를 감정하고자 하는 경우에는 분전반(차단기)만을 송부하여 감정·의뢰하는 경우가 많으나 반드시 발화부위라고 생각되는 부분에 설치된 전선 전체와 관련 연결전기제품이 함께 수거되어야 한다.
　　▣ 전기배선에 의한 발화여부를 감정하고자 하는 경우 분전반(차단기)만을 송부하여 의뢰하면 된다. (×)
⑤ 각종 가전제품에 의한 발화 여부를 확인할 때에는 가전제품의 전원코드가 필히 수거되어야 하며, 가능한 한 전원코드의 플러그나 콘센트가 함께 수거되어야 한다.
⑥ LPG에 의한 화재의 경우 단락이 동시다발로 생기며, 전열기 내부에 단락이 있으면 전열기에 의해 화재가 발생한 것이다.
　　▣ LPG에 의한 화재의 경우 단락이 동시다발로 생기며, 전열기 외부에 단락이 있으면 전열기에 의해 화재가 발생한 것이다. (×)

> ▶▶ 인화성 액체에 의한 화재
> - 액체의 인화점이 낮은 경우에는 연소가 빠르며, 연소는 건물바닥에서 시작하여 위로 연소되어 가기 때문에 바닥에는 얼룩과 같은 흔적이 많이 발견된다.
> - 작은 유리조각은 거의 찾아 볼 수 없고, 창문유리는 전혀 그을리지 않거나 약간 그을린다.
> - 담뱃불에 의한 화재에 있어서는 거울이나 창문이 심하게 그을린다.

< 과학수사론 Theory of Scientific Investigation >

>> 화인의 3요소

- 연소현상이 발생하기 위해서는 반드시 화원·가연물·공기의 3요소가 갖추어야만 한다.
- 화원과 가연물 사이에는 부주의한 경과 즉, 착화과정이 개입되어야 하고 화원과 가연물이 있다고 해서 당연히 착화되는 것은 아니다.
- 화인조사의 궁극적 목적은 화재예방이다.

3요소		종류	소화방법
화원 (가연물과 산소공급원을 활성화시키는데 필요한 에너지 : 불씨)	유염화원	불꽃이 나는 물질(종이 등)	물이나 CO_2 소화기를 사용하는 냉각소화법
	무염화원	불꽃이 나지 않는 물질(담배 등), 훈소(燻燒)	
	잠재성 화원	열이 축적되어 화재가 발생하는것 예 전기, 화공약품, 라디에이터	
가연물 (산화되기 쉬운 물질)	기체	반드시 밀폐된 용기 속에 보관	연소확대시 중간 가연물의 파괴(산불시 맞불) 등 제거소화법
	액체	휘발유, 신나 등(증발연소) 예 호남정유 여천공장, 부산미문화원사건	
	고체	목탄,왁스,숯(표면연소),나프탈린(증발연소),석탄(분해연소)	
공기 (산화 공급원)			포말소화기, 모래 등 질식소화법

■ 연소의 3요소를 구비해야만 연소현상이 일어나는 것은 아니다. (×)
■ 화원에 가연물이 있으면 당연히 착화된다. (×)
■ 아궁이, 온돌, 성냥, 초, 전기, 담배 등은 가연물에 대한 설명이다. (×)
■ 열전도율이 좋을수록 타기 쉽다. (×)
■ 석탄은 표면연소한다. (×)
■ 액체 가연물의 연소형식은 분출연소이다. (×)
■ 가연물의 소화방법으로는 물과 CO_2 소화기를 사용하는 냉각소화법이 있다. (×)

II 문서감정

1 문서감정의 의의

(1) 문서감정의 개념

문서란 문자 또는 이에 대신할 부호를 사용하여 영속할 수 있는 상태에서 어떤 물체 위에 기재한 의사표시를 말하고, 문서감정이란 범죄의 수단 등에 사용된 문서의 진위 또는 이동을 식별하는 것을 말한다.

(2) 문서감정의 종류

① 필적감정, 인영감정, 필흔재생감정

< 과학수사론 Theory of Scientific Investigation >

Chapter 과학수사

② 인자(印字)감정(타자문자, 인쇄문자, 체크라이터문자 등)
③ 유가증권 위·변조감정, 탄화(炭火)문자감정, 불명(不明)문자감정, 필기구 색소감정
④ 묵문자의 기재시기 추정감정, 인영의 날인 전·후 기재감정, 지문의 날인 전·후 기재감정, 타자문자 위에 날인된 인영 및 지문의 전·후 관계 감정
  ▣ 필자의 필기자세의 추정 (×)

(3) 문서감정의 목적
① 수사방향의 설정을 목적으로 하는 감정
② 수사절차를 위한 감정
③ 사실입증을 위한 감정
  ▣ 문서의 손괴(손상)여부감정 (×)

2 필적감정

(1) 필적의 개념
필적은 개인에 따라 항상성과 희소성이 존재하며 이를 전제로 필적감정이 행하여지고 있다.

(2) 감정자료와 대조자료

1) 감정자료와 대조자료
필적감정을 위해서는 감정자료 및 이와 대조할 수 있는 대조자료를 수집해야 한다. 감정자료는 반드시 원본이여야 하며, 대조자료도 평소필적이 효과적이다.
  ▣ 복사본은 필적의 기필부분이나 종필부분에서 나타나는 운필상의 미세한 특징 등이 나타나지 않는 경우가 많으므로 감정자료로서는 적합하지 않다. (○)

2) 대조자료는 기본자료(평소필적)와 새로운 필적(시필)의 두 가지로 분류된다.
① 기본자료는 용의자가 평소 썼던 필적을 수집한 것을 말한다. 평소필적을 가능한 한 많이 수집하여 비교하는 것이 효과적이다.
  ▣ 평소 필적수집에 집착하지 말고 감정대상문자를 집중 작성케 하여 신속히 송부하여야 한다. (×)
② 새로운 필적(시필)이란 용의자에게 수사관이 감정자료와 동일한 필기구, 용지, 서체를 이용하여 감정자료와 동일한 내용 또는 유사한 문장을 쓰도록 하여 수집된 필적을 말한다.

3) 시필을 수집하는 방법
① 받아 적을 내용은 수사관이 직접 낭독해 주고 그 내용을 입으로 따라 말하면서 적도록 하여야 한다.
② 시필(試筆)은 기재조건을 변경해서(서서, 앉아서, 엎드려서, 누워서 등) 받아야 한다.
  ▣ 용의자에게 바른 자세로 시필을 작성하게 하여야 한다. (×)

③ 시필은 10통 이상을 받고 반드시 시필 말미부분에 작성일자와 자신의 서명을 쓰도록 하여야 한다.
④ 시필은 사전, 사후를 막론하고 보여주거나 읽히지 말아야 한다.
■ 수집한 자료는 임의성을 위하여 용의자에게 보여주고 확인 서명을 받는다. (×)

(3) 필적감정의 방법
① 자획구성의 검토
② 자획형태의 검토
③ 필순의 검토
④ 필압의 검토
⑤ 필세의 검토
⑥ 배자의 검토
⑦ 오자·오용의 검토

■ 진필과 위조된 모방필적 구별하기 위해서는 유연성, 지속성, 주저흔과 미세한 떨림이 있는지 등을 살펴보아야 한다. (개연성 ×)

3 인영감정

(1) 인영의 개념
인영이란 특정인의 인격을 상징하며 그 동일성을 증명하기 위해서 사용되는 일정한 형상을 의미하며 보통 문서, 유가증권 등과 결합하여 그 신용성을 높이는데 중요한 의미를 가지게 된다.

(2) 인영감정의 대상
① 2개 이상의 인영의 이동식별
② 2매 이상의 용지에 간인된 인영
③ 인영 문자의 판독
④ 위조 인영의 식별

(3) 인영감정 시 자료수집방법
① 원본을 수집하는 것을 절대원칙으로 한다.
② 대조인영은 가능한 실인(實印)도 함께 송부하고, 불가능할 경우에는 증거물과 동일한 용지에 지면조건을 달리하여 최소한 20~30개의 날인을 하여 그 용지를 송부해야 한다.
③ 실인을 날인하여 의뢰할 경우에는 인장을 현 상태대로 날인한 후 다시 손질하여 재날인 한다.

< 과학수사론 Theory of Scientific Investigation >

④ 인장을 처음 조각하여 날인했을 경우와 장기간 사용하였을 경우에는 사용빈도에 의해 변화상태가 수반되므로 가능한 한 인감류의 경우에는 관청에 등록된 인영을 수집한다.
⑤ 인주의 부착이나 날인압 등을 바꾸어서 반복하여 날인하고, 감정자료의 인영과 조건이 비슷한 것을 얻는 것이 필요하다.
⑥ 증거물인 인영 위에는 어떤 기호나 표시를 해서는 안 되며, 인영부위가 접혀지거나 오손되지 않도록 주의한다.
- 압날된 인영위에 표시를 하여 인영의 순서, 인장상태 등을 알 수 있게 한다.(×)

(4) 위조인영의 감정방법

비교현미경에 의한 방법	2개의 인영을 등배율로 확대, 그 확대된 상을 1개의 접안렌즈를 통해 동일시야 내에서 비교하는 방법이다.
확대 투영기에 의한 방법	인영을 10~25배로 확대, 인자·획선의 형태를 검사하여 위조 여부를 가리는 방법이다.
확대원판에 의한 투시적 검사법	2개의 인영을 동일한 조건하에서 등배율로 확대 촬영한 원판을 겹치게 한 후 광선을 투시, 양쪽 인영의 합치 여부를 검사하여 위조 여부를 가린다.
확대사진에 의한 검사법	2개의 인영을 동일한 조건하에서 촬영, 등배율로 확대사진을 만들어 각각 양인영을 반분, 즉 우반부·좌반부의 인영을 접합·비교·검사하는 방법이다.
기하학적 계측법	2개의 인영을 확대·촬영한 후 선에 의한 기하학적 구획을 작도, 미세한 부분을 비교하여 동일성 여부를 검사하는 방법이다.
기타 검사법	철판위조나 전사에 의한 위조는 확대·투시 등에 방법으로는 식별이 불가능하므로 인주의 농도·전사에 사용된 매개물의 성분검사 등에 의해 위조여부를 검사한다.

- 미터측정법(×)

4 불명문자의 감정

(1) 불명문자의 개념
① 고의 또는 자연현상 등으로 인하여 육안으로 읽을 수 없는 상태로 된 문자를 말한다.
② 불명문자는 ㉠ 인위적으로 이미 써진 문자를 다른 용도로 쓴 것, ㉡ 삭제한 것, ㉢ 자연적 퇴색에 의해서 없어진 것으로 구분된다.

(2) 불명문자의 감정방법
① 적외선과 자외선에 의한 관찰
② 적외선 사진, 자외선 사진, 형광사진, X-선 사진, 사광선 사진 등 광학적 검사방법

③ 광학적 검사방법에서 검출이 가능하지 않은 것에 대하여는 약품을 사용한 화학적 검사방법
- 광학적 검사 이외의 방법으로 불명문자를 감정하는 것은 불가능하다. (×)

(3) 불명문자감정 시 증거물 채취요령

① 방화나 증거인멸로 인해 발생한 소실문자는 파손되기 쉬우므로 원형 그대로 상자 등에 채취하고 조심스럽게 취급해야 한다.
② 공(쏘)문자나 요철문자는 습기와 압력에 따라 변형되는 일이 있으므로 취급에 특히 주의해야 한다. 특히 지문검출로 인해 젖은 지편(紙片)은 오철문자가 없어지기 쉬우므로 주의해야 한다.
③ 카본복사나 연필문자는 마멸에 의해서도 소실되므로 다른 것과 접촉하지 않도록 취급한다.
④ 불명문자 검출의 경우에는 자료를 손상해도 좋은지 아닌지를 명확하게 기록해야 한다.
⑤ 필흔 재생문자 감정은 볼펜이나 연필 등의 필기루를 사용하여 필압에 의해 생긴 필흔문자를 재생시키므로 증거물이 굽혀지거나 접히지 않도록 유의해야 한다. 또한 이물질에 오염되지 않도록 원형을 잘 보존해야 한다.
⑥ 유가증권 및 문서의 위조·변조에 대해 감정을 의뢰하는 경우 반드시 원본을 수집해야 하고 감정대상 부분을 명확하게 지적해 주어야 한다.

> **특수적외선 사진촬영장비**
>
> 2002년 12월27일 CJ엔터테인먼트 대표이사에게 책을 이용하여 만들어진 폭발물이 배달된 사건과 관련하여 국과수 문서사진과에서 특수적외선 사진촬영기(Docucenter)를 이용하여 책자 하단에 스템프로 찍은 후 덧칠된 이름 홍O식을 판독하여 범인검거에 결정적 기여를 하였다.

5 문서감정이 불가능한 경우

(1) 부자연한 상태에서 쓰여진 필적에 관한 감정

(2) 필기자세의 추정(기재 시 의자의 유무, 침대 내에서의 기재여부 등)

(3) 필기 시 육체적 조건의 추정(병자, 노인, 정신상태 등)

(4) 필자의 성별, 연령, 직업, 학력 등에 관한 감정

(5) 잉크의 기재시기에 관한 감정

(6) 워드프로세서 문자감정

(7) 위조인쇄물의 위조방법에 관한 감정

(8) 인쇄기기 또는 인쇄공정에 관한 감정

(9) 불명문자를 기재한 기재용구 또는 잉크의 종류 감정

(10) 인영의 날인시기

6 영상분석

(1) 개념

일반사진, 비디오카메라, CCTV 필름 등의 경우 촬영자의 조작미숙이나 기계성능의 열악으로 인하여 용의자의 얼굴이나 수사단서가 되는 차량번호를 식별할 수 없는 경우가 많다. 이러한 문제점을 개선하기 위하여 이미지복원(Image Restoration)이나 이미지 향상(Image Enhancement)과정을 통하여 보다 나은 화질을 얻을 수 있도록 하는 기법을 말한다.

(2) 감정의뢰 시 유의사항

① 복사본 테이프는 원본에 비해 화질이 떨어지므로 모든 영상증거물을 원본으로 의뢰하여야 한다.

② 재생을 많이 할수록 화질이 저하되며 특히 테이프를 정지시켜서 정지영상을 보는 것은 화질저하의 가장 주된 원인이 되므로 수사를 위하여 테이프를 보고자 할 때는 복사하여 복사본으로 보고 원본은 그대로 보관하였다가 감정의뢰하여야 한다.

③ 사진의뢰 시에는 원본(필름이 있는 경우에는 필름 포함)을 의뢰하여야 하며 사진을 복사기로 복사한 경우 동일인 감정이 불가능하다.

■ 영상감정물을 채취할 경우, 특히 영상물이 디지털 파일이라면 영상의 해상도, 크기, 종횡비율 등을 적절하게 조절하여 감정하기 용이하도록 하여야 한다. (×)

III 성문감정

1 성문감정의 의의

(1) 성문의 개념

① 성문(聲紋, Voice Print)이란 목소리 지문이란 뜻으로 성대의 진동이 목과 구강을 거쳐 입술 밖으로 나오는 소리를 음성분석장치를 이용하여 분석한 후 특수한 그래프 형태의 무늬가 나타나게 하는 것을 말한다.

② 성문은 개인마다 특성이 있어 **충분한 양의 음성만 확보되면** 교묘하게 남의 목소리를 흉내 내더라도 본래 목소리의 기본적인 특징을 찾아 낼 수 있다.

■ 범인이 남의 목소리를 흉내 내면 성문이 타인처럼 변하여 버린다. (×)

(2) 성문감정

성문감정이란 귀로 들을 수 있는 소리를 눈으로 볼 수 있는 여러 가지 형태로 분석하여 수사에 활용하도록 하는 감정을 말한다. 성문감정은 음성음향학적 감정이라고도 한다.

(3) 단서어

단서어란 ① 범인이 크고 명확하게 한 말, ② 범인이 반복적으로 사용한 말, ③ 성문감정이 가능한 양질의 단어를 말한다.

◼ 수사에 필요한 중요한 말(×)

2 성문감정 의뢰 시 주의사항

(1) 녹음테이프를 감정의뢰하는 경우에는 원본을 복사하여 복사본은 의뢰기관이 보관하고, 반드시 원본을 감정의뢰한다.

◼ 녹음테이프를 감정의뢰하는 경우 원본을 복사하여 복사본을 의뢰하고 의뢰기관에서는 원본을 보관한다.(×)

(2) 녹음테이프를 복사할 때에는 원자료의 복사방지 탭을 먼저 제거한 후 복사하고, 가능하면 고속복사는 피하는 것이 좋다.

(3) 의뢰기관에서 원본을 임의로 반복 재생하면 음질이 나빠질 경우가 있으므로, 반드시 복사본을 사용하여 재생한다.

◼ 의뢰기관에서는 원본을 여러 번 재생·보관하여 분실, 훼손 시에 대비한다.(×)

(4) 자연스런 대화를 여러 번 녹음하고, 진술서 등을 읽게 하는 방법은 좋지 않다.

(5) 녹음 된 테이프를 감정의뢰할 때에는 녹음에 사용된 기기 및 방법을 명시하고 녹음내용을 기록한 녹취서를 작성하여 동봉한다.

(6) 소음이나 주변음이 녹음되어 있고 확인된 정보가 있으면 이것들에 대한 정보도 제공한다.

(7) 녹음테이프의 인위적 편집여부를 감정의뢰할 때에는 녹음상황에 관한 진술을 기록하고 가능하면 녹음에 사용한 녹음기도 제시한다.

(8) ① 여러 사람이 동시에 녹음하거나, ② 음성이 약하게 녹음된 경우, ③ 녹음속도가 변할 경우에는 성문감정이 어려우나, 가성(假聲)으로 위장한 경우라도 성문을 감정·판독하는 것이 가능하다.

▶▶ 보관 및 감정의뢰 시 표면에 기재할 사항

- 사용녹음기명과 형태
- 관련죄명 및 피의자
- 녹음방법 및 녹음자
  ◼ 녹음 테이프의 종류(×)

3 성문감정 시 의뢰사항

(1) 두 가지 음성이 동일한 사람의 음성인지 여부

(2) 여러 음성 중 주인공의 음성과 동일한 사람의 음성이 있는지 여부

(3) 여러 음성이 몇 사람의 음성인지 여부

(4) 음성의 주인공에 대한 성별, 연령, 언어영향권 등에 관한 추정

(5) 녹음테이프의 인위적 편집 여부

(6) 기타 기계음 및 주변음의 분석, 녹취서 내용확인, 음질개선 등

■ 음성주인공의 학력·지식정도·직업(×)

IV 총기감정

1 서설

(1) 총기사건은 일반적으로 흔히 다루는 사건이 아니므로 처음 담당하는 수사요원들은 매우 당황하여 현장의 초동수사과정에서 가장 실수가 많은 종류의 사건이다. 그러나 최근에는 은행 강도사건이나 살인사건에서 불법소지총기를 이용하는 예가 발생하고 있어 이에 대한 철저한 대비가 요구된다.

(2) 원칙적으로 총기사건은 현장보존을 철저히 하여 감정 담당자가 직접 현장에서 증거물 수집 또는 총기의 발사방향 등을 확인하여 현장감식과 실험을 병행하여야 감정이 정확히 이루어질 수 있다.

2 증거물 수집방법 및 유의사항

(1) 사진이나 약도로 총기나 모든 증거물의 위치를 기록하기 전에는 범죄현장에 있는 총기에 절대 손을 대지 말아야 할 뿐만 아니라 총기의 주위도 그대로 두어야 한다.

(2) 총기의 상태에 대하여 즉각적이며 상세한 기술을 해야 하며, 총이 제대로 기능을 발휘하였는지의 여부를 판단하기 위하여 총신내부에 있는 불발탄약의 존재상태 등에도 특별한 주의를 해야 한다.

(3) 자동권총의 실탄을 제거할 때에는 새로운 실탄이 약실에 들어갈 수 없도록 손잡이 속의 탄창을 내려야 한다.

(4) 약실에서 제거한 실탄은 가장자리에 종이를 붙여 표시하고 더 이상 표적이 생기지 않게 하기 위하여 솜이나 얇은 천으로 포장한다.

(5) 수사관은 현장에서 **총기확인시험** 등은 피하고 전문가의 지시에 따라야 한다.

(6) 현장에서 사체의 착의를 수거하여 혈액이 묻은 부분과 묻지 않은 부분을 분리하여 포장한다.

(7) 탄피·탄환의 수거 시에도 위치를 촬영하고 약도를 작성하여야 한다.

(8) 수집시 탄환·탄피의 발사흔을 손상치 않도록 특히 조심하고, 신체에 박혀 있는 경우에는 수술 또는 해부를 하여 그 탄환을 수집하며 집도의에게 발사흔이 손상되지 않도록 주의하여야 한다.

　▣ 맹관된 탄환을 부검 시 채취할 경우 수술기구 등을 사용해서 채취하여야 한다. (×)

(9) 총기 내부의 화약흔은 알코올을 묻힌 헝겊으로 닦아서 비닐에 밀봉한다.

(10) 용의자 또는 피해자의 손에 묻은 화약잔사물(Pb, Sb)은 면봉에 **질산(알코올 ×)**을 두 방울 묻힌 후 왼손 및 바른손 손등·바닥으로 구분하여 잘 닦아 내어 시험관에 각 4개로 분리하여 넣어 감정의뢰한다. 질산(NHO_3)을 구하기 어려울 경우에는 시중 철물점 등에서 **알루미늄 테이프**를 구입하여 잔사물을 부착시켜 수거한다.

　▣ 화약잔사물 반응시험에 사용되는 물질 - 질산 또는 알루미늄 테이프

(11) 총기는 간단한 외부손질은 물론 분해 및 총강내의 손질도 하지 말아야 한다.

(12) 바닥에 총기를 떨어뜨린 자국이 있거나 총공 내에 흙이나 기타 이물질이 들어있는 경우에는 **자살**을 뒷받침해 주는 단서가 된다.

(13) 수사관은 총기에 의한 손상부위가 오염되지 않도록 하여야 하며 핏자국이 있는 의복은 포장 전에 건조시켜야 한다.

(14) 총기의 잘 닦여진 표면, 탄창 또는 손잡이 부분에서 지문이 발견될 수 있으므로 손잡이를 잡아서는 안 되고 **총열을 집어 올려** 확인하여야 한다.

(15) 자동권총의 경우에는 매우 주의하여 총열을 집어 올려 손잡이에 지문이 있는지를 확인하여야 하며 특히 안전에 주의하여야 한다.

(16) 총기를 다룰 때에 연필이나 이와 유사한 물건을 총신에 넣어 바닥에서 집어 올리는 일이 없도록 해야 한다.

(17) 현장에서 발사물의 수집 시 **많은 인원의 공동작업**을 피하고 적은 인원이 침착하게 수집하여야 한다.

　▣ 증거물의 신속한 발견을 위하여 현장에 단시간 내에 많은 인원을 투입하여 수색하여 능률성을 기한다. (×)

(18) 탄환의 경우에도 총열의 강선을 통과하면서 **강선흔**이 남게 되며, 이 강선흔은 발사되는 총기마다 특성이 있어서 용이하게 발사총기를 식별할 수 있다.

(19) 강선수가 6조 우선이라면 범인이 군인일 가능성이 크다.

제 9 절 기타 과학수사

I 거짓말탐지기 검사

1 거짓말탐지기 검사의 의의

(1) 개념

거짓말 탐지기(허언탐지기, Polygraph)검사라 함은 거짓말탐지기를 이용하여, 정신적인 동요로 인한 생리적 변화의 과정에서 일어나는 **심장의 움직임과 혈압, 맥박의 변화** 및 전류에 대한 **피부저항도의 변화와 호흡운동**의 변화상태 등을 기록하여 진술의 진위를 발견하고자 하는 수사를 말한다.

■ 체온변화(×)

(2) 유용성

① 거짓말 탐지기는 물리적인 강압수사를 하지 않고도 부인하는 진술의 진위여부를 판단할 수 있어 과학수사 면에서도 매우 중요하다.
② 수사의 **초동단계**에서 적합한 조건하에 검사가 행해지면 범죄용의자가 수명인 경우에도 범인을 가려낼 수도 있다.
  ■ 거짓말탐지기 검사결과는 용의자 범위를 확대시켜 주기도 한다.(×)
③ 범죄에 사용한 증거물이나 사체 은닉장소 등을 찾아낼 수 있다.
④ 실제 범죄수사에 있어서는 검사결과를 이용한 수사방향의 재설정, 자백의 유도, 상반되는 **진술의 비교확인**, 사건의 단서수집을 위하여 유용하게 사용될 수 있다.
  ■ 거짓말탐지기는 진실여부의 판단, 사건의 단서 및 증거수집, 상반되는 진술의 확인을 입증하기 위해서만 할 수 있다.(×)
  ■ 두 가지 음성이 동일한 사람의 음성인지의 여부(×)
  ■ 신원불상 변사체의 신원판명(×)

(3) 대상

피의자, 피내사자, 중요 참고인, 기타 수사사항에 대하여 알고 있거나 관련되어 있다고 믿을 만한 상당한 이유가 있는 자 등 **모든 사람**이 거짓말을 한다고 추정된다면 거짓말탐지기 수사대상이 될 수 있다.

■ 피내사자는 거짓말탐지기 검사의 대상이 될 수 없다. (×)
■ 거짓말탐지기 검사는 입건된 피의자를 상대로 활용할 수 있으나 입건이전의 내사단계에서는 검사를 할 수 없다. (×)

(4) 임의수사

피의자에 대한 거짓말탐지기의 사용 그 자체만으로 피의자의 진술거부권을 침해하였다고 볼 수 없다는 일본판례가 있으나, 피검사자의 명시적인 동의(또는 적극적인 요구)하에 허용된다. 검사관은 검사를 시작하기 전에 피검사가 임의로 동의하였는가를 확인한 후 피검사자로부터 거짓말탐지기 검사동의서를 받아야 한다.

2 거짓말탐지기 검사결과의 증거능력

(1) 대법원 태도

1) 거짓말탐지기의 시험결과 및 그 보고서의 증거능력에 관하여 '그 검사가 피검사자의 동의에 의하여 행하여진 경우에도 그 검사결과의 정확성이 보증되지 않는 한 증거능력을 인정할 수 없다'는 견해를 취하고 있다. (대법 79고547)

■ 대법원은 검사결과서의 증거능력을 부정하고 있으므로 거짓말탐지기 검사를 할 필요가 없다. (×) - 설령 증거능력이 인정되지 않는다 하더라도 사건의 단서나 증거수집, 수사의 방향을 제시하는데 있어서 거짓말탐지기 검사는 반드시 필요하다.

2) 검사결과의 정확성을 보증하는 조건
   ① 검사기계 성능의 우수성
   ② 검사 당시 피검사자의 의식의 명료성과 심신상태의 건전성
   ③ 질문표의 작성 및 질문방법의 합리성
   ④ 검사자의 전문성
   ⑤ 검사장소의 평온성
   ⑥ 검사결과 판정의 정확성
   ⑦ 피검사자의 동의를 받을 것
   ■ 측정내용을 주관성 있고 정확하게 판독해야 한다. (×)

3) 대법원은 거짓말탐지기의 검사결과가 증거능력을 갖기 위한 요건을 갖추었을지라도 그 검사 즉 감정의 결과는 검사를 받는 사람의 신빙성을 가늠하고 정황증거로서의 기능을 다하는데 그친다고 한다.

(2) 거짓말탐지기 검사결과를 유죄로 인정하기 위한 전제조건

① 거짓말을 하면 반드시 일정한 심리상태의 변동이 일어나고
② 그 심리상태의 변동은 반드시 일정한 생리적 반응을 일으키고

< 과학수사론 Theory of Scientific Investigation >

Chapter 　과학수사

③ 그 생리적 반응에 의하여 피검사자의 말이 거짓말인지 여부를 정확히 판정할 수 있어야 한다.

3 거짓말탐지기 검사 시 유의사항

(1) 검사의 시기
① 거짓말탐지기 검사의뢰는 가능한 한 수사의 **초기단계**에서 하여야 한다.
  ▪ 수사의 어느 단계이든지 필요하다면 언제든지 거짓말탐지기 검사를 하여야 한다. (×)
② 수사관은 특정사건의 수사 중 검사의 필요가 있을 때에는 미리 검사실에서 검사의 적부, 시기 등을 문의하여 적절한 시기를 골라야 한다.
③ 검사관은 건강을 유지하며, 가정 및 주위환경에 잡념이 없어야 하고, 공휴일 및 일과시간 후에 검사하게 되어서는 검사결과를 신빙할 수 없다.
  ▪ 일과시간 후나 공휴일에 검사하더라도 신뢰할 수 있는 검사결과를 얻을 수 있다. (×)
  ▪ 피검사자가 철야 조사 등으로 피로상태에 있어도 검사결과와 무관하다. (×)

(2) 검사의 장소
① 거짓말탐지기 검사는 외부의 소음, 자극이나 영향이 없는 장소를 선택하여 실시한다.
② 검사실은 방음·환기장치 등 시설을 하여야 하고 녹음장치, 입체 VTR시스템 시설을 하고 별도로 검사관실, 면접실, 관찰실을 설치하여야 한다.

(3) 검사성과를 거둘 수 없는 피검사자의 배제
① 피검사자가 과도한 신경과민상태, 정신병적인 질환자, 정신적, 육체적인 면이 비정상적인자(구타, 수면부족, 금식, 설사병 등), 장기수사로 인한 노이로제 상태인자, 취급 중인 사건 이외에 다른 잡념이 많은 자, 장기수사로 체념 상태에 있는 자 등은 검사결과를 신빙할 수 없으므로 무용한 검사가 된다.
② 위에 해당하지 아니하는 피검사자라 하더라도 **검사 24시간 전에 향정신성의약품을 복용한 경우**에도 검사 결과를 신빙 할 수 없다.
  ▪ 피검사자가 안정제 등을 복용하였을 지라도 신뢰할 수 있는 정도의 검사결과가 가능하다. (×)

4 거짓말탐지기 검사의 종류

(1) 일반검사
피검사자가 부인하는 진술의 진위여부를 **자료 없이** 반복 확인하는 검사로서 검사하고자 하는 사건의 개요와 진술조서를 첨부하여 의뢰하면 된다.
  ▪ 거짓말 탐지기 검사를 하려면 반드시 자료가 있어야 한다. (×)

(2) 자료검사

사건과 관련되어 피검사자에게 공개되지 않은 유형·무형의 자료가 있을 때 실시하며, 이 자료를 이용하여 피검사자의 범행관련 여부를 알아내는 검사법으로 일반검사 후 자료가 있을 때 병행하게 된다.

1) 무형의 자료검사

범인수(1명, 2명, 3명, …), 은닉장소(사무실, 집, 은행, …), 범행 시 쏜 공기총 횟수(1발, 2발, 3발, …)등을 알기 위한 검사로 **별도의 준비자료 없이 단어를 열거하여** 하는 검사로서 일반검사와 같은 요령으로 의뢰하면 된다.

2) 유형의 자료검사

① 범행에 사용된 흉기, 피해품의 종류 등 범행현장에 유류된 물건 등을 앞에 나열하여 하는 검사로서, 범행현장 유류품과 같은 종류로 색깔·크기·모양 등이 다른 자료를 5~6개 준비하여 검사자료로 쓰일 수 있도록 제공해 주어야 한다.
   ■ 유형의 자료는 진품 1개와 유사한 물건 1개를 따로 마련하여야 한다. (×)

② 검사에 이용되는 자료는 **피검사자가 확실하게 기억하고 있는 것이어야** 하고, 검사에 이용되는 자료가 피검사자에게 공개되지 않은 것이어야 한다.
   ■ 유형의 자료검사는 수사 시 피검사자에게 공개된 자료를 가지고 검사하게 된다. (×)

5 거짓말탐지기 검사의 절차

검사준비	검사를 하기 전에 기기점검·기록검토·질문서 작성·피검사자의 건강·병력·동의서 등을 확인·검토하여 정확한 검사가 이루질 수 있도록 해야 하고 임의성을 확보해야 한다.
검사 전 면담	① 본 검사에 들어가기 전에 30~40분에 걸쳐 면담을 하게 되는데 면담의 목적은 **진실한 피검사자에게 불안감을 제거하여 안정시키고, 거짓말을 하는 피검사자에게는 검사를 받게 되면 거짓이 발각될 것이라는 불안감을 조성시키는데** 있다. ② 아울러 본 검사에서 있을 질문을 설명·이해시키고 기구부착을 하게 된다.
본 검사	검사의 타당도와 신뢰도를 위하여 동일한 질문내용을 **3회 이상 질문**하여야 한다. ■ 동일한 내용을 반복해서 질문하면 이미 인지된 내용이므로 검사결과의 타당성을 인정받을 수 없다. (×)
차트해석	① 차트해석은 검사 전반에 걸쳐 그 어느 사항보다도 전문성을 요한다. ② 호흡의 홀딩변화, 피부의 말안장변화(피부전기반응), 맥박(혈압)의 상승변화 등 거짓반응형태를 분석·판독하게 한다. ■ 측정내용을 주관성 있고 정확하게 판독해야 한다. (×)
결과통보	① 검사결과는 의뢰관서에 진실반응·거짓반응·판단불능 등의 여부를 통보하여야 한다. ② 검사종료 후 피검사자가 그 결과를 문의할 경우는 수사상 방해가 될 수 있으므로 거부하여야 한다. ■ 거짓말탐지기 검사 결과를 피검사자에게 통보하여야 한다. (×)

Ⅱ 슈퍼임포즈 감정법

1 개념

슈퍼임포즈 감정법(영상중첩법 Superimposition method)은 물건 위에 물건을 겹치어 간다는 사진상의 용어로서, 이중으로 겹치는 방법을 이용하여 시체의 신원을 확인 하는데 활용되는 방법이다.

2 원리

백골화 된 사채 또는 부패된 사채의 특정 개인, 즉 추정되는 사람의 생전의 사진을 확대 또는 축소하여 음성(negative)원판을 만들고 이것과 사체의 두개골을 슈퍼임포즈기기로 촬영하고 음성(negative)원판을 작성하여 2개의 원판을 시찰대(view box)에 올려놓고 특징점을 비교·검토한다.

- 두개골 2개의 동일인 여부 감정 (×)

3 활용

슈퍼임포즈 감정법은 ① 열차사고, ② 항공기 추락사고, ③ 대형 화재사고, ④ 부패로 백골화 된 사체 등을 확인 하는데 많이 활용 된다.

4 감정방법

(1) 현장에서 발견한 두개골과 동일인이라고 추정되는 사람의 최근 사진을 함께 송부하여 감정을 의뢰하여야 한다.

- 슈퍼임포즈 감정을 위해서는 현장에서 발견된 머리뼈만 목함 등에 포장하여 송부하면 된다. (×)

(2) 슈퍼임포즈 감정은 두개골만으로 두형, 봉합의 상황, 치아의 소견 등을 상세히 검사한 후에 신장, 체격, 성별, 외상 등을 검사해야 한다.

- 슈퍼임포즈 감정 시 신장, 체격, 성별, 외상 등을 곧바로 검사해야 한다. (×)

Ⅲ 토양감정법

1 개념

각종 범죄사건의 발생지역에서 흔히 신발, 피복 등에 부착된 미량의 토양과 사고지점에서 채취한 토양 시료와 비교검사 함으로서 동일지점의 토양 여부를 감별한다. 범죄와 관련된 물건에 부착된 토양을 검사하여 염분, 금속성분, 형광물질, 농약, 기타의 인위적인 오염에 의한 지역상황을 고려하여 그 물건과 장소와의 관계를 밝혀 필요한 수개 장소의 토양과 비교 검사할 경우가 있다.

2 감정방법

(1) 토양의 감정 방법으로는 증액법, 미생물에 의한 감별, 편광 현미경에 의한 검사, ph적정법, 양이온 및 음이온 정성시험, 정색반응 등이 있다.

(2) 토양의 동일 여부 감별법은 토양의 부착 상태 및 사건현장을 고려하여 감정 방법을 선택하여야 하며, 특히 물리적 및 화학적 검사의 결과를 종합하여 판정하여야 한다.

(3) 용의지점의 토질이 각각 다른 경우에는 각각 다른 토양(가장 근접한 토양 ×)을 모두 채취하여야 한다.

▪ 용의지점이 토질이 여러 가지로 다른 경우 가장 근접한 토양을 채취하여야 한다. (×)

Ⅳ 유류감정법

1 개념

유사 휘발유를 감정하여 동일성 여부를 판단하는 방법이다.

2 감정방법

(1) 유사 휘발유 여부는 감압증류법, 굴절률 측정, 비중측정 시험, 중류곡선 측정시험, 분류성 상시험, 분별 증류법등으로 감정할 수 있다.

(2) 플라스틱 계통의 용기 중에는 석유류에 용해되는 제품이 있으므로 유리병 또는 규격화된 철제용기를 사용하여 2ℓ 이상 채취 하여야 하며 인화성이 강한 내용물이 흘러나오지 않도록 세심하게 콜크마개로 밀봉하고 충격에 의해 파손되지 않도록 포장하여야 한다.

▪ 부정 유류를 의뢰할 경우 플라스틱계통의 용기에 휘발유 등이 흘러나오지 않도록 세심하게 콜크마개로 밀봉한다. (×)

< 과학수사론 Theory of Scientific Investigation >

V 고무감정법

1 개념

고무 감정법은 급격한 증가로 인하여 발생하는 각종 사고 현장에서 타이어 성분의 동일성 여부 감정을 위하여 사용된다.

2 특징

(1) 급제동으로 인하여 노면에 부착된 고무 또는 피해자 의복에 부착된 고무와 용의 차량 타이어 고무와의 동일성에 대한 감정이 주로 의뢰되고 있다.

(2) 절도, 살인사건 등의 사고 현장에서 담벽 등에 부착된 신발의 고무를 활용하여 주거 침입로는 확정하고 용의자 신발 고무와의 동일성 여부를 감정하여 사건 해결에 확고한 실증을 제시할 수 있다.

VI 중성자방사화 분석법

1 개념

중성자방사화분석이란 시료의 중성자 및 양자, 입자 등을 조사하여 사료 중의 원소를 전부 방사화하고 그 방사화 동의원소들이 방사하는 동의원소의 양을 분석하고 방사화 전의 원소를 정량하는 방법이다.

2 장점

(1) 중성자방사화분석은 감도가 좋기 때문에 **극미량** 원소들의 분석이 가능하다.
  - 범행현장에서 발견된 증거가 적을 경우에는 중성자방사화 분석법을 사용할 수 없다. (×)

(2) 많은 원소들을 동시에 분석할 수 있다.

(3) 비파괴분석이 가능하기 때문에 시료를 그대로 보존할 수 있다.

3 활용

중성자방사화분석법은 ① 독성물질의 검출, ② 모발의 개인식별, ③ 총기사건의 경우 사수의 감별, ④ 공업제품 및 가공품의 동일성 감별, ⑤ 토양의 동질성 감별 등 광범위한 활용 범위를 갖고 있다.

VII 최면수사

1 최면수사의 의의

(1) 개념

① 사건을 목격한 피해자 및 목격자에 대하여 **최면을 이용하여** 정서적 안정과 심리적 퇴행을 유도하여 사건해결에 필요한 단서를 확보하고 수사방향을 설정하기 위한 과학적인 수사기법을 말한다.

② 최면은 의식이 없거나 수면 상태가 아니라 의식이 무엇인가에 집중되고 있는 고도의 **각성상태**이며, 중간 정도의 최면에 걸린 대부분의 피최면자는 주변과 자신에게 무슨 일이 일어났는지를 충분히 알 수가 있다.

■ 최면술은 피해자에게 잠을 재우는 형식으로 기억을 되살리는 것이다. (×)

③ 최면상태 동안에 요구된 행동을 거부할 수도 있으며, 필요하다고 생각되는 경우 스스로 트랜스(몰입상태)에서 **빠져나오는 것도 가능하다**. 피최면자는 최면상태에서 자신이 원하지 않는 행동을 하지 않을 수도 있다.

(2) 대상범죄

1) 원칙과 예외

범죄 혐의점이 없는 피해자나 목격자가 사건을 목격한 후 심리적 외상 또는 시간의 경과로 인해 내용을 회상하지 못하는 경우에 최면수사를 하는 것이 원칙이다. 예외적으로 피의자가 자백은 했으나 증거에 대한 기억을 상실 했을 경우 (단, 피의자의 요청 시에 한함)에도 실시할 수 있다.

2) 최면에 적합한 사건

① 이미 사건 관련 증거가 확보되어 있는 상태에서 그 증거를 가지고 최면을 얻어낼 정보로 증거를 보강하기 위한 경우
② 목격자나 피해자의 최면 회상이 보강 증거 자료 확보가 예상되는 경우
③ 목격자가 있는 경우

3) 최면을 하지 말아야 할 사건

① 범죄의 용의자를 범인으로 확정하기 위해 용의자에게 시도할 경우
② 용의자가 수사 중에 식별된 경우
③ 피해자 및 목격자에게 최면을 사용 했을 때 정신적으로나 육체적, 감정적으로 충격을 받을 것으로 예상되는 경우

2 최면수사의 사용요건

(1) 최면술사는 정신과 의사나 심리학자와 같이 가능하면 특별한 훈련을 거친 정신적으로 건강한 자이어야 한다.

(2) 최면술사는 사건에 관하여 구두로 자료를 받지 않고 자세하게 기재된 문서로만 자료를 받아야 한다.

(3) 최면술사가 시술동안에 최면 상대자에게 사건에 대해 **암시를 주어서는 안 된다.**

  ▪ 암시를 주면 기억 재생에 효과적이다. (×)

(4) 피의자나 피해자 어느 한쪽을 대표하는 누구도 최면시술 동안에는 최면술사와 같이 있어서는 아니 된다.

3 최면수사의 문제점

(1) 최면상태에 있는 사람은 최면술사에 의하여 가벼운 암시만 받아도 내면상태에 있는 사항들을 부정확하게 기억할 가능성이 있다.

(2) 극도의 주의를 하지 않으면 의도적이든 의도적이 아니든 간에 최면술사에 의하여 거짓자료가 나올 수 있는 위험성이 있다.

(3) 만일 거짓 정보가 나오게 되면 최면대상자 역시 최면에서 깨어난 후에도 거짓 정보를 믿게 될 수도 있고 그로 인하여 법정에서 증언할 경우 그 증언에 대한 진실성, 신용성을 훼손할 가능성이 있다.

  ▪ 만일 거짓 정보가 나오게 되면 최면 대상자가 최면이 깨어난 후에는 정신이 되돌아와서 진실이 아님을 알게 된다. (×)

Ⅷ 범죄자 프로파일링

1 개념

(1) 동일인에 의한 범죄는 공통성을 지닌다는 가정하에서 범죄 전의 준비과정, 범죄현장에서의 현장감식, 관계인 면담, 등을 통해 범죄행위의 특성, 피해자의 특성, 범행 후 행적 등을 파악하여 범죄자의 유형을 추정함으로써 초동수사의 방향을 설정하고 범죄를 수사하는데 있어서 용의자 등 수사대상자의 범위를 축소하기 위한 수사기법을 프로파일링 수사기법이라고 한다.

  ▪ 프로파일(Profile)이란 사람의 외모, 성격과 같은 개인적인 특징과 활동상황에 대한 개략적인 자료를 말한다.

(2) 기본개념상 프로파일링은 범죄자의 '신원(Identity)'을 파악하는 것이 아니라 '유형(Type)'을 파악하는 것이며, 범죄자가 범죄현장에 보통의 경우와는 다른 특별한 흔적을 남겼을 때 이를 유용하게 활용할 수 있다.

> ■ 살인사건이 발생하여 범죄자 프로파일링을 활용하려 할 경우 범죄현장에 남겨진 유형의 증거와 무형의 심리학적 증거를 통하여 범죄자의 신원을 파악한다. (×) – 프로파일링의 목적은 범죄자의 '신원'을 파악하는 것이 아니라 '유형(type)'을 파악하는 것이다.

2 프로파일링의 전제조건

(1) 모든 범인은 각자의 독특한 개인성향을 가지고 있다는 전제이다. 이러한 성향은 환경의 변화에도 불구하고 일관적이고 지속적인 패턴을 지니고 있다.

(2) 모든 범죄현장에는 범죄자의 성향이 반영된다는 전제이다. 비록 범인은 완전범죄를 시도하여 범죄현장에는 유형의 증거가 남아 있지 않더라도 무형의 증거인 범인의 성향은 남게 된다.

(3) 범인은 동일한 범죄수법에 의해 범행하는 경향이 있다는 전제이다.

(4) 범인의 성격은 변하지 않는다는 전제이다. 일반적으로 개인의 성격은 스스로 바꾸려고 노력하여도 단기간 내에 그것이 쉽게 변하지 않는다.

(5) 범인은 유사한 범죄를 반복하게 되고 각 범죄행각에서 비슷한 각본에 따라 범행을 실행함으로써 결국 유사한 행동패턴이 나타나게 된다. 결론적으로 범죄관련 프로파일링은 범인의 행동방식에는 일정한 패턴이 있으며, 이러한 패턴은 범죄현장에 그대로 재현된다는 것을 전제로 하고 있다.

3 활용대상범죄

(1) 불특정인을 상대로 한 가학적이거나 연쇄적인 성폭행, 연쇄살인(심각한 사체 훼손, 사체성폭행), 등 동기없는 연쇄 방화, 치정, 원한 등에 의한 살인 등에 대하여 범죄자 프로파일링을 활용할 수 있다.

(2) 일반적인 강도, 단순절도, 폭력이나 대부분의 재산 범죄들은 범죄자 프로파일링을 활용하기에 적절하지 않은 범죄유형이다.

< 과학수사론 Theory of Scientific Investigation >

Chapter 과학수사

4 프로파일링 유형

(1) 임상사례 분석적 접근법과 통계학적 접근법

임상사례 분석적 접근법	① 개별 사건별 범행현장 분석을 핵심으로 한다. ② 수사관의 개별 경험에 바탕 한 자료수집, 분석 등 경험적 요소가 중요하다. ③ 연역적 프로파일링 기법과 비슷한 성격을 갖는다. ■ 귀납적 프로파일링 기법과 비슷한 성격을 갖는다. (×) ④ 미국 FBI 수사관과 한국에서 주로 사용하는 기법이다.
통계학적 접근법	① 범죄자 및 범행과 관련된 각종 인구사회학적 자료를 이용한다. ② 다변량 분석 등의 통계적 기법에 의하여 자료를 확보한다. ③ 귀납적 프로파일링 기법과 비슷하며 리버풀방식이라고도 한다. ■ 한국에서 주로 사용하는 프로파일링 기법이다. (×)

(2) 기타 프로파일링 수사기법

심리학적 프로파일링	범죄현장에서 수집된 유형 및 무형의 증거를 분석하여 범죄자의 성격유형을 파악해 내고, 다른 범죄와의 연관성을 밝혀냄으로써 용의자를 특정하고 수사선을 설정하는 기법이다.
지리학적 프로파일링	범행위치 및 피해자의 거주지 등 범죄와 관련된 정보를 계량화하여 범인이 생활하는 근거지를 지도로 표현하는 방법이다.
언어학적 프로파일링	범인이 남긴 메시지나 음성 등을 분석하여 범인을 특정하는 기법을 말한다.

제 10 절 범죄학

1 범죄·비행원인에 관한 이론

(1) 사회학적 이론

이론	특징
긴장이론 (strain theories)	합법적인 방법으로는 사회적으로 승인된 목표를 성취할 수 없는 상황에 처하게 되면 인간에게는 긴장이 발생하며 그 목표를 달성하기 위해 불법행위 즉, 범죄·비행을 선택하게 된다고 보는 견해
비행하위문화이론 (theory of delinquent subculture)	사회 내에 존재하는 어떤 일부의 소집단은 사회 전반의 가치에 반하는 가치관을 가지며 이들 소집단 중 일부는 범죄적이고 비행적인 행위를 묵과하거나 심지어 이를 조장시킴으로써 범죄·비행이 발생한다고 보는 견해
통제이론 (control theories)	개인의 사회에 대한 유대(애착, 전념, 참여, 신념)가 약화되거나 파괴될 때 범죄·비행이 발생한다고 보는 견해 ■ 누구든지 내버려두면 범죄를 저지를 것인데, 범죄발생을 통제하는 것은 다름 아닌 개인의 일상적인 사화와 맺고 있는 유대라고 하면서 이러한 사회적 유대가 강할수록 개인의 범죄잠재력은 보다 적절히 통제되어 비행이나 범죄가 억제되고, 사회적 유대가 약화되면 될수록 사람들은 범죄에 빠져들 수밖에 없다라고 주장한 학자는? - 허쉬(Hirschi)
비행표류이론 (drift theory)	대부분의 비행소년들은 자유와 규범 사이에 방황하는 존재들로서 이러한 표류 상태에서 범죄·비행이 발생한다고 보는 견해
낙인이론 (labeling theory)	① 사회 안에 존재하는 집단간 가치에 따라서 범죄·비행이 발생한다고 보는 견해로서 특정형태의 규범위반은 낙인기관에 의하여 공식적인 낙인을 유발하여 그 결과로서 자아낙인을 강화시켜 2차적 일탈행동으로 나아간다는 이론이다. ② 범죄행위 그 자체보다는 범행에 대한 사회적 반응에 주로 초점을 맞추어 범죄자를 설명하는 이론으로, 특히 오늘날 형사사법 제도의 차별적 처우 등에 관해 많은 관심을 보이고 있다. ③ 범죄자에 대한 부정적인 사회적 반응이 일탈행동을 유발하거나 강화시키는 등 범죄문제를 악화시키는 데 있어 근본적인 원인이라고 주장한다. ④ 일탈행위자는 사회에서 자신의 행동이 수용적이 아니라는 것을 인식하게 되고, 그래서 점점 고립된다. 그렇기 때문에 자신과 입장이 같은 사람을 찾으면서 사회의 주류에서 멀리 떨어진 하위집단을 형성한다.

< 과학수사론 Theory of Scientific Investigation >

낙인이론 (labeling theory)	▶ 피낙인자를 위한 형사정책적 결론(5D) ㉠ 비범죄화(decriminalization) : 기존형법의 범죄목록 중에서 사회변화로 인하여 더 이상 사회위해성이 없는 행위로 평가되는 것에 대해서는 범죄목록에서 삭제하여야 한다. ㉡ 전환(diversion) : 가능한 한 범죄에 대한 공식적 반작용은 비공식적 반작용으로, 중한 공식적 반응은 경한 공식적 반응으로 대체되어야 한다. ㉢ 비시설수용화(deinstitutionalisation) : 가능한 한 범죄자를 자유로운 공동체내에 머물게 하여 자유상태에서 그를 처우해야 한다. ㉣ 비낙인화(destigmatization) : 이미 행해진 사회통제적 낙인은 재사회화가 성과있게 이루어진 후에는 피낙인자에게 그의 사회적 지위를 돌려주는 비낙인화가 뒤따라야 한다. ㉤ 법의 적정절차(due process of law) ■ A 지구대 대장인 정경감은 관내에서 발생한 학교주변 폭력사건을 처리하면서 학부모와 지도교사의 입회하에 해당학생들을 선도, 귀가조치 시켰다. 이러한 청소년비행에 대한 정경감의 조치와 관련있는 것은? - **비낙인화와 전환**

(2) 범죄심리학적 이론

이론	특징
정신분석이론(psychoanalytic theory)	인간에게는 생득적인 충동(성·공격 등의 본능)이 있기 때문에 인간의 내부는 항시 이 충동에 의해 흔들리고 있으며 이는 현실사회의 규범과 갈등을 야기하며 이러한 갈등 속에서 원본능(id)의 힘이 자아나 초자아의 통제기능을 능가하게 되면 범죄가 발생하는 것으로 보는 견해
사회학습이론(social learning theory)	범죄·비행은 다른 사회적 행위와 마찬가지로 동일한 심리학적인 과정을 거쳐 배우게 된다는 견해(학습이론) ■ ① 교도소는 범죄의 대학이다. ② 맹자 어머니가 세 번 이사 간 이유, ③ 세 살 버릇 여든까지 간다는 속담, ④ 바람 풍(風)을 바담 풍이라고 가르치는 훈장 - **학습이론**

2 기타 범죄학 이론

(1) 범죄생태학적 접근방법

'도시는 다양한 생활공간, 거주지역들로 구성되어 있는 바, 중심지대는 상업지역이 점하고 도심이나 상공업지역에서 멀어질수록 범죄는 줄어든다.'는 것에 착안한 이론으로서, 범죄생태학적 연구의 결과에 의하면 비행이 일정한 지역을 중심으로 이루어진다고 한다.

■ 서울시내 A 경찰서장은 관내 지역을 도범권, 폭력권, 주택가, 상가지역, 금융가, 공장지대, 학원가, 역세권 등으로 분류하여 적절한 방범대책을 강구하고 있다. - 범죄생태학적 접근법

(2) 사회해체론적 접근방법

'기존의 사회조직이 무너지면서 사회의 규범의식이 변화되고, 그 결과 사회일반의 행동기준이 개인에게 무기력하게 되는 과정에서 반사회적 행위가 보편화되고 범죄는 증가한다.'고 한다.

(3) 범죄경제학적 접근법

범죄인은 최소비용으로 최대효과를 얻으려는 합리적 인간을 전제로 범인은 자신의 욕구달성을 극대화할 수 있는 수단과 방법(비용적 혹은 위험적 요소를 최소화 하는)을 선택하여 범행을 실행한다는 이론이다.

(4) 차별적 접촉이론

서덜랜드(Sutherland)의 범죄학 이론으로서 범죄는 사회의 상이한 접촉과정에 그 원인이 있다고 보는 이론으로서 즉, 나쁜 친구와 오랫동안 사귀면 나쁜 사람이 될 수 있다는 설명이다.

(5) 문화갈등이론

하나의 사회에는 다양한 문화체계가 존재한다는 것을 전제로 하면서, 개인이 사회의 지배적 가치와 다른 규범체계, 즉 하위문화 또는 이주(移住)의 생소한 문화로부터 배운 가치체계를 지향할 때 일탈행위 또는 범죄가 발생한다는 견해이다.

(6) 깨진 유리창 이론(Broken - Window Theory)

① 깨진 유리창 이론은 심리학자의 실험결과에 착안해서 붙여진 이름인데, 공동체 내의 **사소한 무질서를 계속 방치하다 보면 결국에는 사회전체로 무질서가 확대되어 범죄화 되기 때문에** 조그만 불법, 무질서라도 방치하지 말고 제때에 단속하고 조치를 취해야 한다는 것이다. 한번 질서가 무너지면 회복하기 어려워지기 때문에 경찰당국의 신속한 대응과 조치가 필요하다는 것이다.

② 제임스 윌슨과 조지 켈링이 제시한 이론으로서 뉴욕시장인 줄리아드 시장과 뉴욕시경 국장인 브랜튼이 시행했고 거리, 지하철 등의 사소한 범법, 무질서행위에 대해서 강력하게 단속 조치한 결과 절도, 소매치기, 구걸행위, 무임승차, 강도 등 일반범죄와 마약범죄가 현저하게 줄었다.

■ 최근 미국 뉴욕시경에서는 사소한 무질서를 방치하면 사회전체로 무질서가 확대되어 범죄가 증가한다는 이론은?
- 깨진 유리창 이론

(7) 아노미 이론(Anomie Theory)

갑작스런 성장이나 변화, 예기치 않은 재난 등이 발생하여 사회질서가 동요하게 되면, 사회는 규범의 영향력을 일시적으로 상실하게 된다. 이와 같은 무규범·탈규제 상태가 바로 아노미이다. 이러한 아노미는 자살과 같은 일탈행위를 증가시키는 중요한 원인이 되기도 한다.

> **주요 범죄학 학자들**
>
> **1 페리(Ferri)**
> - 범죄는 정상적이고 일정한 사회환경이 일정한 개인적 조건을 수반하면 거기에는 일정수의 범죄가 있게 되고, 그 수의 증감이라는 것은 있을 수 없다는 원칙(**범죄포화의 원칙**)을 주장하였다.
> - 인간은 전혀 자유의사가 없는 것이며, 또 인간의 행위라는 내적·외적 원인요소에 의하여 결정되므로 일정한 인적·물적·사회적 원인이 존재하는 일정한 사회에 있어서는 반드시 일정량의 범죄가 발생한다고 주장함.
> - 범죄의 원인으로 인류학적 요소(생래적 원인), 물리적 요소(자연환경적 원인)와 사회환경적 요소를 각각 들고 있으며, 이중에서도 **사회적 원인을 중요시**하고 범죄사회학의 창시자로서 사회적 책임론과 결정주의를 강조하였다.
>
> **2 베카리아(Beccaria)**
> 1764년 〈범죄와 형벌〉이라는 저술을 통하여 '무죄추정, 재판의 공개, 신속한 재판, **죄형법정주의**, 사형의 폐지, 고문의 금지, 범죄예방의 우선성, 법관에 대한 기피할 권리, 형벌의 예방적 기능, 형벌과 범죄간의 비례성' 등을 주장, 프랑스 대혁명과 오늘날의 형사소송절차에 대한 지대한 공헌을 하였다.
>
> **3 롬브로조(Lombroso)**
> 생물학파의 창시자로 **생래적 범죄인론, 격세유전론**을 주장하면서 범죄는 부모로부터 물려받은 범죄인자에 의해 저질러진다고 설명한다.
>
> **4 따르드(Tarde)**
> 범죄의 원인을 사회적 모방에서 찾는 **모방의 법칙**을 주장했다. (거리의 법칙, 방향의 법칙, 삽입의 법칙)

3 가정환경과 범죄

(1) 서설

① 가정은 사회학적, 심리학적으로 일반 사회집단과 다른 특성을 지니는데 가정환경은 특히 청소년의 인격형성에 결정적 영향을 미친다.
② 최근의 청소년 범죄경향에 따르면 **중류층 출신**이 두드러지게 증가하는 실정이다.
  ▣ 하류층 가정출신의 청소년범죄가 증가하고 있다. (×)

(2) 가정적 결함에 따른 분류

결손가정(형태적 결손가정)	부모 중 어느 일방이 사망하였거나 이혼 등으로 부모 중 어느 일방이 없는 가정을 말한다. 결손가정은 결손 그 자체보다는 결손이 야기하는 가정의 기능적 결함이 더 문제된다.
갈등가정(기능적 결손가정)	형태적 결손가정과 달리 양친이 모두 있지만 불화, 방임 등으로 가정의 본질적 기능인 생활보장과 건전한 양육이 결여된 가정이고, 소년범죄와 관계가 깊다.
부도덕 가정	사회의 부적응자가 가족구성원으로 되어 있는 가정으로서 넓게 보면 기능적 결손가정이라고 할 수 있고, 부도덕 가정출신의 비행소년의 경우 소질보다는 가정이라는 환경의 영향을 많이 받는 경우라 할 수 있다.

4 매스미디어와 범죄

매스미디어의 영향에 대한 두 가지 상충된 이론적 조류는 학습이론적 관점과 정화이론적 관점이 있는데 최근의 청소년범죄 경향에 따르면 매스컴의 부정적 영향이 더 크다는 것을 알 수 있으며, 범인성 유해환경과 매스컴에 대한 적극적인 대책이 요구되고 있다.

학습이론적 관점 (범죄촉진기능)	매스컴이 범죄학습효과를 가짐으로써 직접 범죄를 유발하는 원인이 된다는 견해이다. ① 모방효과 : 사람들이 매스미디어에서 폭력적인 행위를 보고 난 후에 보지 않았을 경우보다 더 폭력적으로 행동한다는 점에 착안한 것으로 관찰학습과 상징적 모방의 과정을 전제로 한다. ② 강화작용 : 미디어가 어떤 반응을 초래하거나 그런 반응이 다시 일어날 가능성을 증대시키는 사건을 뜻한다. ③ 둔감화 작용 : 미디어에서 폭력을 많이 보게 되면 그것에 둔감하게 되고 덜 흥분되며, 죄책감을 느끼지 않고 폭력을 행사하게 된다고 한다. ■ 둔감화작용은 정서적으로 이완시킴으로써 공격적 성향을 감소시키는 작용을 한다. (×)
정화이론적 관점 (범죄억제기능)	① 폭력물의 시청이 정서적 이완을 가져와 자극을 발산함으로써 환상과 정화를 가져와 공격성향이 감소한다는 것이다. ② 매스컴에서 등장하는 범죄 또는 그 범죄자에 대한 처벌은 일반인들에게 카타르시스의 역할을 하여 오히려 범죄를 억제하는 기능을 한다는 이론이다. ③ 보도 또는 드라마를 통해서 범죄에 대한 적개심을 불러일으킬 수 있고, 범죄의 충격적 장면은 잠재적 범죄충동을 억제·해소하는 기회가 될 수 있다고 주장한다.